통찰

통찰
— 죽음과 얽힌 삶, 그래서 사랑

2021년 8월 15일 처음 찍음

지은이 ǀ 정재현
펴낸이 ǀ 김영호
펴낸곳 ǀ 도서출판 동연
등 록 ǀ 제1-1383(1992. 6. 12)
주 소 ǀ 서울 마포구 월드컵로 163-3
블로그 ǀ https://blog.naver.com/dong-yeon-press
이메일 ǀ h-4321@daum.net
전 화 ǀ 02-335-2630
팩 스 ǀ 02-335-2640

* 이 책은 2019년도 새날을여는사람들의 디아스포라 기금으로 제작되었습니다.

ISBN ǀ 978-89-6447-679-6 03040

죽음과 얽힌 삶,
그래서 사랑

통찰

정
재
현

동연

모르면서 겪다보니

문득 지나온 삶을 되돌아보게 되었다. 이제 나이가 조금은 들어간다는 뜻인가 했다. 무엇을 하면서 어떻게 살아왔나 돌아보니 생각만큼 떠오르지 않는다. 기억에 담긴 것이 그만하지 않아서라 생각했다. 좀 더 돌아보니 다 알고 살아온 것이 아니었음을 깨닫게 되었다. 꽤나 모르고 그냥 살아왔던 것 같다. 어찌 모르고 살 수 있었던가? 스스로 이렇게 물으니 내가 삶을 산다기보다는 삶이 나를 살고 있다는 느낌이 더 진하게 밀려 들어오기 시작했다.

그래서 잠시 추렸다. 삶의 되새김이다. 나를 살아온 삶을 곱씹으면서 떠오른 쪼가리들을 추렸다. 거기에 그동안 써냈던 몇 권의 저서들 안에서 다시 들추고 싶은 것 중 일부를 골라 덧붙이기도 했다. 물론 이미 펴낸 책들은 나름대로 주제가 있고 특정한 분야에 속한 것들이다. 그러나 좀 더 넓게 살필 수 있을 만한 통찰을 조각으로나마 다시 새겨보는 것도 뜻이 있지 않을까 싶었다. 자연스럽게 다섯 토막이 되었다. 그리고는 마무리로 한 단상을 다듬었다.

몸 이야기로 시작한다. 그렇게 세상으로 던져졌기 때문이다. 이미 우리를 만들고 있는 몸은 우리 선택이 아니라 그렇게 주어졌다. 마음이라고 해서 다른지 아닌지 오묘하고 복잡하니 이를 들어가 살피는 것도 덮어둘 수 없다. 사실 짧지 않은 세월 동안 몸과 마음을 갈라놓았으니 비극은 거기까지 거슬러가야 하지 않을까 할 정도이다. '이성적 동물'이나 이천 년 후 '생각하는 갈대'나 이성과 생각만 높이 받들고 동물과 갈대를 아래로 깔았으니 말이다. '몸과 마음'은 갈라질 것도 아니고, 위아래도 아니다. 그런데 요즘 와서야 비로소 그렇게 새기고 있으니 만시지탄이 아닐 수 없다. 그래도 다행이니 추려둘 일이다. 몸이 이미 혼자가 아니라면 남들과 어떻게 만나고 뒹굴어야 할지를 탐색하는 것도 미룰 수 없다. 함께 살아가야 하는 몸이 요구하는 일이니 말이다.

그리고 그렇게 얽힌 몸과 마음이 살아가는 삶으로 넘어간다. 이건 사실 넘어가는 것이라기보다는 안으로 들어가는 것이다. 삶이란 뗄 수 없는 몸과 마음의 뒤얽힘이기 때문이다. 그런 삶이 가장 많이 사용하는 앎을 함께 묶었다. 함께 가고 있었으니 따로 묶을 일도 아니다. 그러나 둘이서 언제나 사이좋게 굴러가는 것은 아니었으니 안을 들여다보는 것은 새삼스럽기도 했다. 삶이 삶을 위해서 앎을 구하고 쓰지만 때로 앎이 삶을 힘들게도 하고 억누르기도 하니 말이다. 그래서 좀 더 자세히 살피고자 했다. 물론 삶을 위해서다.

삶에서 앎이 하는 일을 파헤치다 보니 모름이 벌여내는 일이 만만치 않다는 것을 보게 되었다. 삶을 위한다는 앎이 모름을 줄이고 없애려 하는 것은 당연한 것이었다. 그러나 그런 당연함에 함께 밀려 나간 것이 있었으니 모르고도 살아온 삶이었다. 모르고 살기만 한 것이 아니라 살고도 모르는 삶이었다. 그러니 삶에서 모름이 차지하고 있는 넓이와 깊이를 마치 아무것도 아닌 것처럼 제쳐둘 수는 없는 노릇이다. 아니 사실 앎과는 비교도 할 수 없을 정도로 넓고 깊은 모름이 이미 우리 삶을 그렇게 엮어가고 있다. 그래서 모름을 더듬는다. 그러나 모름을 어떻게 더듬을 수 있겠는가? 달리 길이 없다, 묻는 것밖에는. 그래서 '모름과 물음'이다. 그런데 물음에 이르니 우리는 이내 대답을 찾아야 한다는 요구로 몰리고 있음을 외면할 수 없었다. 대답이란 다시 앎이니 다람쥐가 쳇바퀴를 도는 듯하다. 시지프스의 신화처럼 꼭대기까지 올려놓은 돌이 다시 굴러 내려가니 또 그 일을 해야 하나 싶은 삶처럼 보였다. 그래서 대답 강박에서 벗어날 길을 향해 내뻗고자 했다.

당연히 우리의 이야기는 '운명과 자유'로 간다. 기껏 꼭대기로 올려놓은 돌이 굴러 내려가고 다시 올리는 일을 부질없이 되풀이해야 할 것만 같은 부조리와 씨름하는 삶의 꼴이다. 한편으로 이미 그럴 수밖에 없어 보이니 운명이라 하지만 또 그렇게만 갇히지 않는 저항이 자유를 향한 몸부림으로 뒤얽히곤 했으니 말이다. 물론 이들의 밀고 당기기는 간단히 추려질 수 없으니 과연 우리 삶의 주제이고 과제가 되지 않았나 한다.

그래서 그 굴레 안으로 파고 들어가 본다. 운명과 자유의 밀고 당기는 소용돌이는 결국 우리 삶이 씨름해야 하는 가장 중요하고도 어려운 문제를 위한 마디이고 걸음이었으니 '고통과 죽음'이 바로 그것이다. 없으면 참 좋으련만 피할 길 없으니 마주해야 한다. 어떻게 마주해야 하나? 앞선 이야기들은 어떻게 이어질 수 있을까? 이런 물음으로 더듬어보았다. 다듬어지지는 못한다. 그저 더듬다가 머물 수밖에 없다. 그래도 뜻은 있다. 피할 수 없는 고통과 죽음에 연관하여 삶이 우리에게 맞갖은 길로 힐끗이라도 던져준 것을 더듬는다면 부여잡고 함께 살아갈 수는 있을 것 같기 때문이다. 그 대목에서 '사랑'을 새겨본다. 뜬금없어 보일지도 모르지만, 사실 우리 삶에서 가장 큰 문제인 고통과 죽음에 대해서 우리가 기대어 볼 것으로 사랑밖에 없지 않을까? 물론 추상적일 수도 있다. 그러나 최소한 억압이나 기만을 당하지는 말아야 할 터이니 의미 있는 하나의 길로 도모해 봄 직하다 싶다.

단상 묶음이니 따로 순서가 있지는 않다. 붓 가는 대로도 아니다. 삶이 끌고 가는 대로 이어가고 싶었다. 물론 혼자 사는 삶이라기보다는 더불어 사는 삶의 꼴이고 길이다. 함께 무엇을 도모할 수 있을지 나누자는 제안으로 이 단상 묶음을 새겨 주어도 좋다. 개인적으로는 한 매듭이 될 터이고 다음 단계로 가는 길목의 이정표로 점 하나 찍고 간다는 뜻이기도 하다.

2021년 여름, 연세대 무악산 기슭에서
정재현

차례

인 고행은 고통받는 사람에 대한 모독 • 당하면서 소리도 낼 수 없는 어린이 • 고통을 미화하는 것이 무조건 좋은 일은 아닌 듯하다 • 삶에 대한 몸부림이 논문으로까지 오다 보니 • 겪으면서 견디고 견디면서 겪는 것 • 악을 더듬어 온 역사의 굴곡 • 벌어지는 악 아래에 저지르는 악 • 무너질 것 같은 삶에 오히려 적당한 무게의 돌을 얹으면 • 실패가 성공이다, 거기서 성취했기 때문이다 • 실패는 실수일 수도 • 없음이 있을 뿐 아니라 무엇을 한다 • 분노는 터지기 전에 터뜨려야 • 그래서 거룩한 분노! • 동정이나 용서가 사랑이기 어려운 이유 • 사랑에서도 폭군이 될 수 있다 • 없음에 둘러싸인 가련한 있음 • '왜 없어지는가?'에서 '왜 없지 않고 있는가?'로 • 포유동물인 동료 인간에서 죽음을 지긋이 바라보아야 • 죽음 자체보다 죽음을 당하는 과정이 더욱 두렵다 • 인간의 죽음이 아니라 나의 죽음 • 능력과 무능 사이에서 • 죽음의 단계를 거치는 것조차도 축복일 수 있다 • 다른 사람의 예상과 나의 희망 사이에서 죽음이 일어난다 • '죽음을 기억하라'는 말의 현실적인 뜻 • 죽음이 가르쳐주는 것 • 세포가 가르쳐 주는 삶의 지혜 • 살아남은 자의 슬픔 • 슬프니 울지만 울음이 슬픔을 다독여준다 • 슬프면서 행복할 수도 • 나의 죽음이 내 삶의 길 • 죽음에 대한 우리의 태만과 오만을 벗어나서 • 죽음은 유한한 초월이다

몸과 마음

나는 몸이다

손으로 먹고, 발로 걷는다. 나는 손발을 가지고 있다. 그렇다면 몸도 가지고 있는가? 만일 가지고 있다면, 그것 없이도 나는 나일 수 있어야 한다. 그렇지 않으니 나는 몸을 가지고 있는 것이 아니다. 나는 몸이다. 아니 몸이 나다. 디지털 기술에 의한 가상세계에서의 아바타도 그런 몸의 연장이다. 몸이 나를 만들어주지 않았다면 아바타는 있을 수도, 있을 필요도 없다.

내 것이라 할 것 없는 나

　나를 이루고 있는 몸과 마음은 온전히 나의 것이 아니다. 나를 이루고 있는 성분들은 우주의 역사와 지구의 탄생만큼 유구한 세월을 품고 있다. 성분으로 보면, 나의 나이는 137억 년이다. 언제인지 까마득한 태초의 사심 없는 원소들이 지금 생명체인 나를 이루고 있으니 말이다. 나는 그 성분들이 엮어낸 하나의 우연하고 찰나적인 조합일 뿐이다. 출렁이는 엮임이고 일렁이는 얽힘이다. 나를 이루고 있는 것들에게 숙연하게 고개 숙여야 할 일이다.

숨이 나를 숨 쉬도록

　숨을 쉬어야 생명이다. 의식이라도 할라치면 숨이 가빠온다. 참을 수 있다 해도 잠시일 뿐이다. 내가 숨을 쉬는 것이 아니라 숨이 나를 쉬기 때문이다. 그런데 우리네 삶이 너무 바빠 숨이 더욱 가빠진다. 들숨과 날숨이라 했는데, 가쁜 숨에는 들고 날 여유가 없다. 그래서 쉬라고 한다. 숨을 쉰다고 하지만 가쁜 숨의 삶이니 숨이 나를 쉬면서 스스로도 쉬어가야 한다. 몸이 명령하기 때문이다. 생명生命이 살라는 명령이듯이 숨도 쉬라는 명령이다. 몸이 나를 살게 하고, 숨이 나를 쉬게 한다.

보는 침묵과 듣는 침묵

얼굴을 마주하는 대화에서는 침묵도 큰 뜻을 갖는다. 그러나 전화나 기계를 통한 대화에서는 침묵이 오해나 염려를 부르기도 한다. 같은 침묵이건만 보는 침묵과 듣는 침묵은 이렇게 다르다. 몸으로 만나고 얼굴을 대하는 것은 그저 대화와 소통만을 위한 것이 아니다. 축소될 수 없는 무엇이 있다. 말로 다 할 수 없는 나눔이고, 함께 함이다. 몸이 하는 일이다. 말을 하지 않고서도 하는 몸의 일이다.

사체를 먹고 사는 우리

우리가 먹는 것은 모두 사체이다. 음식 중에 원재료가 생명체가 아닌 것이 있던가? 생명체였던 것을 죽이고서 가공하여 음식으로 취한다. 우리는 죽음을 먹고 산다. 죽음 속에서 삶을 다시 끌어낸다. 죽음이 우리를 살린다. 삶만 죽음으로 향해 가는 것이 아니라, 죽음도 삶을 향해 온다. 먹는 것이 그러하니 몸이 그러하고, 삶이 그러하다. 이미 그러하다. 거대한 순환의 흐름에서 나는 그저 한 조각일 뿐이다. 그래서 더 편안하게 된다.

똥을 먹고 밥을 싼다

밥을 먹으면 똥을 싼다. 우리의 몸 안에서 밥은 똥이 된다. 그러나 어디까지가 밥이고, 어디부터가 똥인가? 갈라내기가 애매하다. 그런데 더 주목할 것이 있다. 밥만 똥이 되는 것이 아니라 똥도 밥이 된다. 밥을 먹고 싼 똥이 분해되어 식물과 동물의 먹이가 되고 다시 우리 입으로 들어오니 우리는 똥을 먹는다. 밥을 먹고 똥을 싸고, 똥을 먹고 밥을 싼다. 거대한 순환에 숙연해질 수밖에 없는 이유다.

똥으로 똥을 치료한다

　나쁜 바이러스를 죽이는 항생제가 좋은 미생물까지 죽인다. 슈퍼바이러스 문제가 심각하다고 경고한다. 이렇게 소화기관이 제대로 작동하지 못할 때 유익균 미생물을 다시 장 속으로 넣어준다. 건강한 똥을 정제해서 항문으로 주입한다. 대장이 다시 원활하게 움직인다. 똥으로 똥을 치료한다. 이미 똥을 먹으면서 살고 있었던 덕분이 아닐까?

몸의 몸부림이 마음을 다스린다

일체유심조一切唯心造, 모든 것은 마음먹기에 달렸다는 말이다. 그러나 우리 삶이 어디 마음먹은 대로만 되던가? 그럼에도 마음을 혹사시켜 몸을 착취하니 삶이 일그러진다. 마음의 무게를 덜어내고, 몸의 소리를 들어야 한다. 최고의 마음 치유는 운동 처방이라 하지 않는가! 마음 부림은 몸을 억압하지만, 몸부림은 마음을 다스린다. 몸이 시키는 소리를 듣자. 이게 진짜 마음이다. 몸과 하나인 마음이다. 그래서 몸이라고 한다.

이성적 동물만도, 생각하는 갈대만도 아니다

일찍이 인간을 '이성적 동물'이라고 했다. 그런데 이성의 이름으로 동물성을 덮어왔다. 동물성은 다른 짐승들과도 같으니 덮어놔도 되는 것처럼 여겨졌다. '생각하는 갈대'에서도 여전히 중요한 것은 생각이었다. 그러다가 '동물'과 '갈대'가 몸부림치게 되었다. 동물과 갈대가 몸이니 당연하고 불가피했다. 배고프고 아파보면 이성이나 생각이 얼마나 작은 것인지 바로 드러난다. 몸에게 겸손할 일이다.

천사와 짐승의 중간자라는 것

누군가 인간을 '천사와 짐승의 중간자'라고 했다. 이 말은 천사와 짐승의 성분이 각각 50%라는 것은 아니다. 인간 안에 천사의 가능성 100%와 짐승의 가능성 100%가 동시에 이글거리고 있다는 뜻이다. 양립 불가한 모순이 복잡다단하게 얽힌 실존이라는 것이다. 안타깝게도 이 말이 나왔던 근대는 그런 복잡성을 견디지 못해서 환영받지 못했다. 단순-명백성이 지배하던 시대였기 때문이었다. 아직도 명백성이 무슨 대단한 기준인 줄 알고 고수하는 가련한 부류가 적지 않다. 안타까운 일이다.

점은 이미 입체다

점點은 수학적으로는 위치를 가리키는 기호다. 그러나 눈앞의 점은 위치만이 아니라 심지어 부피를 가지고 있다. 아무리 작은 점 하나라도 눈에 보인다면 이미 길이와 넓이를 지닌 것은 물론이지만, 이게 종이 위의 잉크라면 두께가 있을지니 높이가 없을 수 없다. 현실의 점은 이미 부피다. 그런데 점이라고 한다. 그렇게 보는 것이다. 삶 또한 입체다. 몸이기 때문이고 마음과 얽힘이기 때문이다. 그래서 복잡하다. 새로운 기술에 의한 메타버스도 무수한 디지털 평면들에 만족할 수 없는 삶이 요구하는 입체에 대한 욕구에서 나올 수밖에 없었다.

시간이 나를 산다

천동설의 시절, 정지해있는 공간의 눈으로 세상을 보았다. 멈춰야만 볼 수 있으니 그럴 수밖에 없었다. 지동설의 등장, 내 자리가 움직인다고 하니 시간의 눈으로 세상을 보게 되었다. 그래서 시간 안에서 산다고 했다. 이때만 해도 시간은 그저 나를 둘러싼 세계가 변화하는 근거였다. 그러나 이제 시간은 내 안으로 들어와 나를 만든다. 시간 없는 내가 있기나 한가? 살 수나 있는가? 시간 안에 사는 것을 넘어서 시간을 산다. 아니 시간이 나를 산다.

진리란 있음과 없음의 얽힘

　모든 것은 덮여있다. 덮여있던 것이 슬쩍 드러나는 것이다. 진리를 뜻하는 그리스어 '알레테이아^{aletheia}' 역시 덮여있던 것이 드러난다는 '탈-은폐'를 가리킨다. 그러나 덮여있던 것이 드러난다고 해서 모두 드러나는 것은 아니다. 내가 아는 것이 다가 아니고, 있음이 전부가 아니다. '있음'만 말해서는 안 되는 이유가 여기에 있다. '없음'이 없이는 '있음'도 있을 수 없다.

우리는 '겨우 있는 것'이다

있다는 것은 있지 않을 수 있음에도 있는 것이니 흔들릴 수밖에 없다. 있지 않을 수 있음이 도사리고 있는데 어떻게 아무 일 없다는 듯이, 앞으로도 아무 일 없을 듯이 홀로 고색창연할 수 있는가? 흔들릴 수밖에 없다. 가녀린 촛불처럼 흔들리다 꺼져버릴 수도 있다. 있다는 것은 그렇게 위태하게 버티는 것이다. 내가 그렇다. 물론 당신도 그렇다. 우리는 '겨우 있는 것'이다. 그래서 있음을 생각^{denken}하는 것은 있음에 감사^{danken}하는 것이라고 했다.

입장이란 주관적일 수밖에 없다

　어떤 입장이나 판단에서 주관적이라는 것이 그 자체로 문제는 아니다. '주관적'이라고 하는 것이 잘못 봤다는 것은 결코 아니다. 그럴 수밖에 없지만 '임의'가 아니라는 것에 주목해야 한다. 똥과 된장을 구별해야 한다. 다만 혼자 옳다고 고집부린다면 문제다.

역사는 현재다

　역사의 시제는 언제인가? 흔히 과거라고 생각하지만 과거만으로는 역사가 아니다. 현재, 즉 지금 여기가 없고서는 역사는 성립조차 될 수 없다. 미래를 향하지 않는다면 마찬가지다. 결국 역사란 과거가 미래와 관련하여 현재 새겨지고 풀어지는 의미라고 하겠다. 다시 말해, 역사는 현재에서 과거와 미래가 만나는 사건이다. 단적으로, 역사의 시제는 현재다. 과거에서 시작하지만 미래와 관련하여 현재에 책임을 아우를 때 비로소 역사가 된다.

관계에서 개체가

'더불어' 있다는 것이 일단 혼자 있다가 나중에 다른 사람과 함께 한다는 것이 아니다. 어느 순간도 홀로, 개체만으로 사는 순간은 없다. 오히려 관계에서 개체가 나왔다. 관계가 먼저다. 그런데 관계라 하니 이를 이루는 개체들 사이로만 초점을 맞춘다. 그러면서 개체가 먼저라고 생각한다. 관계에 앞서, 관계가 없어도 개체가 먼저 있다는 것처럼 된다. 그러나 이건 불가능하다. 관계라고 부르니 그렇게 보이지만 그것으로부터 개체들이 나왔다. 그렇지 않은 개체가 있는가? 관계가 뿌리다. 사건이고 행위다. 그래서 동사다.

사람도 관계로서

　사람은 대략 75%의 물로 이루어졌다. 사람의 몸이란 절묘한 물주머니다. 내 몸은 물이 순환하는 하나의 거대한 자연이다. 들어왔다가 나가고, 나갔다가 들어온다. 자연의 순환은 내 몸 한가운데서도 쉬지 않는다. 그러니 내 몸도 거대한 순환의 한 부분이다. 그 물은 언제 있기 시작했나? 지구의 시작부터 있었던 물이 지금 나에게 들어왔다가 다시 자연으로 돌아간다. 그래서 나는 혼자가 아니다. 이미 관계다. 나를 움켜쥔다고 될 일이 아니다.

타인은 대상이 아니라 상대로 만나야

  '대상對象'이 아니라 '상대相對'로 만나야 한다고 한다. 대상은 마주하여 잡아내는 모양이지만, 상대는 서로 만나 밀고 당기는 긴장을 안고 있다. 그래서 대상은 명사인데 상대는 동사라고도 한다. 대상은 내가 필요한 대로 잡아내니 편하지만, 상대는 어떻게 나올지 몰라서 힘들다. 그런데 내가 원하는 대로 잡을 수 있는 대상은 나만 가지고 있는 것이 아니다. 그 역시 나를 그가 원하는 대로 주무를 수 있다. 서로 마주하면서 만나지 못하고 서로를 자기 입맛대로 대상화하고 있기 때문이다. 어렵지만 상대의 긴장을 안고 가야하는 이유가 여기에 있다. 자기로 살기 위해서라도 치러야하는 대가이다.

상대주의를 반대하는 상대성

상대주의相對主義는 서로 달라도 저마다 옳다는 주장이다. 그러나 상대성相對性은 서로 다른 모든 주장이 다 옳다고 할 수는 없다는 입장이다. 말하자면, 상대주의는 남과 다른 나도 옳다고 주장하는 것이라면, 상대성은 남들만큼 나도 맞거나 틀릴 수도 있다는 성찰이다. 상대주의는 진리를 소유할 수 있다고 여기지만, 상대성은 진리를 다만 추구할 뿐이라고 간주하기 때문이다. 소유가 지배라면 추구는 이에 대한 저항이다. 소유와 추구의 차이, 그것이 상대주의와 상대성을 가르는 근거다. 비슷해 보이지만 하늘과 땅의 차이다. 그런데 상대성이 잘 받아들여지지 않으니 자주 상대주의로 오인된다.

죽이는 집단, 살리는 공동체

    흔히들 개인은 공동체와 대립한다고 생각한다. 그러나 개인과 대립하는 것은 집단이다. 개인만을 내세우면 이기주의로 빠지고 집단을 우선시하면 전체주의로 쏠린다. 이와 달리 공동체는 개인을 인정하면서도 이들 사이의 긴장을 싸안는다. 개인과 집단은 공존할 수 없지만, 개체와 관계는 공존 가능할 뿐 아니라 서로를 필요로 한다. 이것이 바로 공동체이다. 그런데 이게 말처럼 쉽지 않다. 밀고 당기는 긴장이기 때문이다.

'너 자신을 알라'라는 말의 함정

'너 자신을 알라!' 소크라테스가 델포이신전에서 갖고 온 저 유명한 격구다. 그동안 얼마나 유구한 자기성찰의 가르침으로 새겨 왔는가? 그런데 홀로 진단하고 처방하라고 한다. 반성하는 양심인데 독단적일 수도 있다. 자신을 비추는 타자가 잘 안 보인다. 실제 역사가 꽤 그런 방향으로 흘러왔다. 잘난 자기에 항거하는 타자들의 아우성이 터져 나올 때까지!

양심이 스스로를 속일 수도 있다

윤리적 판단은 양심에서 출발한다. 그러나 양심에는 대체로 다른 사람이 들어갈 곳이 없다. 자기 안에서 맴돌기 때문이다. 출발과 기준뿐 아니라 목적까지도 전부 자기라는 점에서 그렇다. 양심의 가책이라는 자기비판도 있지만 못지않게 스스로 정당화하는 명분으로도 사용된다. 스스로를 돌아보는 듯하면서도 남들에게 자신을 내세우는 근거가 되기도 한다. 성서의 구절도 이를 가리키는 듯하다.

"자기로써 자기를 헤아리고 자기로써 자기를 비교하니 지혜가 없도다."

어른도 어린이다, 미래에서 보면

우리는 미래에서 보면 아직도 어린이다. 무엇을 좀 안다고 들이댈 것이 아니다. 새로운 것과 맞닥뜨릴 때 우리는 어린이가 될 수밖에 없다. 그런데 그런 줄 모른다. 아니 그렇게 하지 못한다. 갖고 있는 것이 너무 많기 때문이다. 그러니 내가 갖고 있는 틀에 맞으면 좋고, 맞지 않으면 나쁜 것으로 치부한다. 그러면서 새로움을 놓친다. 새로움 앞에서 자신의 앎이 깨지면서 다다른 '깨-달음'인데 안타깝게도 기회를 잃어버린다. 어른으로 남으면서 당하는 손해다. 손해인 줄 모르고 당하는 손해다.

스스로 하는 의지와 조종하는 욕망

　의지와 욕망은 비슷해 보이지만 매우 다르다. 의지는 내가 스스로 하려는 힘이고, 욕망은 나를 조종하는 힘이다. 의지는 손발로 나타난다면, 욕망은 등 뒤에 꽂힌 칼 같아서 나를 몰고 간다. 거스르려면 아프다. 그래서 의지는 권장되었고, 욕망은 억제되었다. 그런데 의지를 예찬하면서 인간을 과대하게 평가했다. 반면에, 욕망을 억제하니 결국 인간을 통째로 억압하기에 이르렀다. 잘났다는 것도 인간을 피곤하게 하지만 억누르기만 하는 것은 더욱 갈 길이 아니다. 금욕주의의 폐해가 좋은 증거다. 욕망을 중립적으로 보는 것이 중요하다. 최소한 부정적이기만 한 것은 아니라고 말이다.

자기도취가 우리를 주인이면서 노예로 만든다

우리는 본능적으로 자기를 옳다고 여긴다. 어느 순간 자기도취에 빠진다. 때로 쾌감을 일으키기도 한다. 그래서 더 계속한다. 왜 문제인가? 자기도취의 쾌감이 결국 나를 구속하는 올가미가 되기 때문이다. 내가 좋아서 뛰어들었는데 내가 끌려다닌다. 물론 자기를 세우려는 욕망이 나쁘다는 것은 아니다. 욕망에 노예가 되니 문제이다.

자기와 타자는 옳음과 그름이었다

우리는 옳고 그름을 따질 때 자기를 기준으로 삼는다. 그런데 자기가 기준이라는 것은 자기를 같음으로 규정한다는 것을 가리킨다. 따라서 타자는 다름이 된다. 자기의 같음과 타자의 다름이 대조를 이룬다. 그런데 단순히 대조만이 아니라 그 이상으로 가치를 표방한다. 같음은 옳음이고 다름은 그름이라는 것이다. 자기동일성이라는 주장은 이토록 불순한 동기를 지니고 있었다.

자기 안에 다름뿐 아니라 그름도 뒤섞여 있다

다른 사람의 다름이 틀리기만 한 것이 아니듯이, 자기의 같음도 옳음이기만 한 것이 아니다. 자기만 옳고 타자는 틀렸다고 할 수 없다. 나아가 자기가 오로지 같음이고, 타자가 오로지 다름이기만 한 것도 아니다. 우리 안에는 같음과 다름이 복합적으로 뒤얽혀 소용돌이치고 있기 때문이다. 자기가 언제나 옳지 않다. 같지도 않다. 나는 오로지 내가 아니다.

그렇다고 마구 옳다는 것은 아니다

허나 오해하지 마시라. 무정부적 상대주의를 말하는 것은 결코 아니다. 저마다 마음대로 내지를 수 있다는 것은 결코 아니다. 다름이 존중되어야 하지만 모든 다름이 다 그름이 아니듯이 모든 다름이 다 옳은 것은 더욱 아니다. 이제는 옳고 그름이 더 이상 같음과 다름으로 판별되어서도 안 될 일이지만, 다름에 대한 존중을 명분으로 모든 다름이 다 옳을 수도 있다는 무정부적 상대주의도 단연코 갈 길이 아니다. 그렇다면, 무엇이 올바른 다름이고, 무엇이 틀린 다름인가?

자기가 알파요 오메가다

　우리는 세상 사람들을 온갖 범주로 나누려고 한다. 정치적으로는 강한 자와 약한 자, 경제적으로 있는 자와 없는 자, 사회적으로는 높은 자와 낮은 자. 그러나 이 모든 것에 앞서는 분류가 곧 '자기와 타자'다. 모든 분류의 뿌리에는 자기가 있다. 자기가 어떤 부류인지가 분류 평가의 기준이다. 자기가 '가진 자'에 속하면 세상을 '가진 자'의 관점에서만 바라본다. 반대의 경우도 마찬가지다. 자기의 소속에 따라 삶의 이치나 진리 주장이 뿌리부터 달라진다. 일단 그럴 수밖에 없다는 것을 받아들이자. 서로가 덜 힘들어질 수도 있을 것이다.

자기라는 뿌리가 얼마나 깊은가

'자기'라고 하는 것은 우리가 생각했던 것보다 훨씬 더 깊게 깔려 있다. 부모가 자식을 사랑하는 경우, 그 부모들은 과연 누구를, 아니 무엇을 사랑하는가? 부모에게 자식은 자기의 확장이고 분신이다. 결국 자기 자신이다. 그러니 자기 사랑이다. 남의 자식을 자기 자식처럼 사랑하는 것은 성자라면 몰라도 범인凡人으로서는 불가능하다. 하려고 해서 되는 게 아니다. 그러니 부모의 자식 사랑에서도 타자는 없다. 이걸 슬퍼할 필요는 없다. 겸손하게 받아들이면 된다. 그러면 울타리를 넘는 꿈을 꿀 수도 있다.

한풀 꺾인 삶이 가르치는 지혜

현대가 말하는 '실존實存'은 근대 '주체主體'와 사뭇 다르다. 죽음과 모름에 내던져진 삶이니 겸손해진 실존이다. 근대의 군림하는 주체가 거만하다면, 현대의 내던져진 실존은 '한풀 꺾인 삶'이다. 그런데 이것이 오히려 의기양양으로 버텨야 했던 강박을 풀어낼 길이 된다. 꺾였는데 풀린다. 아니, 꺾임 덕분에 풀린다.

화해만이 능사는 아니다

옛날 전제군주 시대와는 달리 오늘날은 저마다 마음대로 떠들어댈 수 있게 되었다. 그래서 아우성이다. 갈등은 불가피하다. 이런 상황에서 우리는 조정이나 화해를 향하도록 학습 받아 왔다. 그러나 화해만이 능사는 아니다. 다름이 펼쳐지기도 전에 다시 같음으로 봉합하려 하면 사회적 약자는 계속 현상 유지를 강요당할 수밖에 없기 때문이다. 화해를 명분으로 가진 자들과 타협하다가 다시 예속되는 쳇바퀴를 역사가 증명한다. 사회교육이나 도덕교육이 결국 의식의 노예화로 귀결되었다는 비판도 이를 향한다. 조정하려고만 하기보다는 갈등과 함께 사는 길을 도모해야 한다.

갈등이 주는 선물

갈등은 힘들기는 하지만 오히려 밀고 당기면서 결국은 우리를 열어젖힌다. 사실 모순인 듯이 보이는 풍요로움과 모호함은 열림을 향한 길이다. 삶이 이미 여러 방식으로 얽이고 뜻을 만들어가니 모호함은 불가피하다. 그동안 다양한 것들을 정리하는 것이 간단치 않았고, 모호함은 견딜 수 없으니 불안의 원천이라고 봤었다. 그러나 덮는다고 사라지는 것이 아니었다. 터져 나올 수밖에 없었다. 그리고는 그렇게 열렸다. 열어서 열린 것이 아니라 터져 나와서 열린 것이다. 무릇 자유란 공짜가 아니라(Freedom is not free)는 것이 여기서도 확인된다.

인간이 다르다는 자가당착의 비극

19세기에 다윈은 『종의 기원』이라는 책으로 당시에는 받아들이기 어려운 혁명을 일으켰다. 인간의 주체성이 근대 시대정신의 핵심이었는데 다른 동물들과 그리 다르지 않다는 연구 결과는 충격이었다. 여전히 받아들이기 어려운 듯하다. 그러나 팬데믹으로 온 인류가 고통당하는 작금의 현실은 차라리 그 작품대로 인간이 주제를 파악하고 살았더라면 겪지 않았을지도 모르겠다는 아쉬움을 갖게 한다. 그 작품이 새삼스럽게 다가온다.

인간은 과연 만물의 영장인가?

　　인간이 만물의 영장이라는 주장은 다른 생명체들이 이의를 제기한 적이 없었기 때문에 아직도 버티고 있는 것이라고 했다. 참으로 절묘한 발상이다. 만일 다른 동물들과 소통할 수 있었고 그들이 인간에게 반기를 들었다면 그 주장이 유지되기는 어려웠을 것이니 말이다. 그런데 인간중심주의라는 착각이 오히려 인간을 파멸의 길로 몰아가고 있다. 다른 동물들과 소통되지 못하는 것이 다행이 아닐 수도 있다. 이제라도 동화책 주인공처럼 동물들과도 이야기를 주고받는 동심에서 자연을 살아가는 지혜를 다듬어야 하지 않을까 싶다.

직립보행과 육식이 만든 인간의 자기 배신

　네 발 짐승과 달리, 두 발로 걸으면서 손을 자유롭게 움직이는 동물이 출현한다. 일어서서 걷다 보니 후두가 내려와서 구강이 넓어지고 혀가 길어졌다. 불을 사용해서 고기를 구워 먹으니 전에 없었던 영양으로 뇌가 커졌다. 생각도하고 말도 하게 되었다. 호모 사피엔스라 한다. 생각하다보니 뇌가 커진 게 아니라 뇌가 커져서 생각하게 되었다. 말을 하면서 구강구조가 변한 것이 아니라 일어서다 보니구강구조가 소리를 내기 좋게 되어 말하게 되었다. 호모 사피엔스라는 것이 그리 대단한 것이 아니다. 그런데 생각을구실로 자연을 지배하고 정복하려 했었다. 자연에서 나온인간 스스로에 대한 배신이 아닐 수 없다. 자연 파괴가 인간비극일 수밖에 없는 이유다.

자연을 길들인 문화의 자가당착

'자연'이란 문자 그대로 '스스로 그러함'이니 우리 삶에는 무심하고 황량한 것이었다. 그러나 인간은 자연을 그대로 두지 않았다. 사람을 품어주는 집이며 덮어주는 지붕을 뜻하는 '우주'로 새겼다. 영어 표기 universe도 서로 충돌하는 다양한 힘들이 '조화'를 이룬다는 기대를 담은 표현이다. 다른 표현인 cosmos도 혼돈을 넘어서는 '질서'를 이룬다는 희망을 표출한다. 과연 거칠고 험한 자연은 이제 우리를 보호해주는 담장일 뿐 아니라 질서가 잡혀 편안한 집이 되었다. 인간은 이렇게 자연nature을 갈고 닦기 시작했다. 본격적으로 문화culture가 시작되었다. 자연을 우주로 부르는 것에 이토록 소중하고 절박한 뜻이 있었다. 그런데 그렇게 이름을 붙이는 것naming은 우리에게 친근하고 편한 것으로 길들이는 것taming이었다. 오늘날 우리에게 닥친 생태 위기가 이토록 포근한 연유를 지닌다. 시작부터 자가당착이었다.

호모 사피엔스의 자충수

우리 인간을 '호모 사피엔스'라고 한다. '생각하는 사람'이라는 뜻이다. 그러나 사유의 순기능과 역기능이 팽팽한 가운데 어느 한쪽 손만 들어줄 수는 없다. 생각이 이루어놓은 성취도 대단하지만, 그것이 초래한 실패와 파괴도 만만치 않다. 아니 오히려 실패가 성공을 상쇄하고도 넘어갈 듯하다. 문명 발전이 오히려 파멸로 향해 갈 가능성이 더 커지는 세상은 더욱 그렇게 보인다. 한쪽만 보고 달려갈 일이 아니다. 최소한 양면이고, 그것도 대조적인 양면이다. 나아가 어찌 두 면만 있겠는가? 다 헤아릴 길도 없다.

삶과 앎

삶이 그대를 속일지라도

"삶이 그대를 속일지라도 슬퍼하거나 노여워 말라."

러시아의 시인 푸시킨의 시 첫 구절이다. 그러나 과연 삶이 우리를 속이던가? 삶이 우리를 속인다는 것은 우리의 삶과 앎이 어긋나는 데서 비롯한 착각은 아닐까? 삶이 앎을 속이는 것이 아니라 삶을 통제하려던 앎이 속이는 것은 아닐까? 그렇다고 삶이 속지는 않는다. 그렇다면 누가 속는 가? 앎이 속이고 앎이 속는다. 그런데 앎에서는 이게 드러나지 않는다. 삶으로 봐야 힐끗 보일 따름이다. 우리는 그런 삶과 앎 사이의 어디에 걸쳐있는가? 속이는 앎과 속지 않는 삶 사이에서 우리는 도대체 무엇이고 누구인가?

삶이 나를 산다

치아가 아프면 온몸이 아프다. 그러나 평상시에는 내 입속에 치아가 있다는 느낌도 없다. 장기도 마찬가지다. 모두 정상으로 움직일 때는 있는지조차 떠오르지도 않는다. 내가 몰라도 그것이 알아서 돌아간다. 몸이 그렇고 생명이 그렇다. 아스러진 뼛조각을 맞추는 것은 의사가 하지만 붙어서 활동하는 것은 생명이 한다. 의사가 치료한다면, 생명은 치유한다. 치료는 치유를 위한 시작일 뿐이다. 생명이 살린다. 내가 삶을 사는 것이 아니라 삶이 나를 산다.

앎이 해 온 짓거리

거기 이미 그렇게 있었다. 그러니 인간은 모른다. 모른다는 것을 모르고 있으면 괜찮다. 모르는데도 내 삶에 들어와 걸리적거린다. 불편하다. 게다가 우호적일지 적대적일지 알 수 없어 불안해지기도 한다. 그대로 두고만 볼 수 없다. 그래서 건드리기 시작한다. 다가가 더듬는다. 앎이 시작된다. 건드려보는데도 별일 없으면 계속 들어간다. 어느새 점령군이 된다. 올라선다. 깃발을 꽂는다. 승리를 선언한다. 주인이 된다. 그러나 과연 그렇게 계속 살 수 있던가? 어림도 없다. 둘러싼 것처럼 보였던 세계가 이것을 일러준다. 세계가 우리를 둘러싸고 있던 것이 아니다. 우리가 세계 한 귀퉁이에 던져졌을 뿐이다. 다만 거기서 맴도니 자기가 중심인 줄로 착각했을 뿐이었다.

앎은 삶을 위한 것이었는데

다시, 삶은 모르고도 산다. 아무것도 모르는 아기도 살아가지 않는가? 아기는 서서히 알아가기 시작한다. 낯선 세계를 손님 대하듯 친구로 만들어간다. 안다는 것은 상아탑의 지적 유희가 아니라 이미 생존본능에 의한 것이었다. 삶을 '위한' 것이었다. 알기 전에 이미 살고 있었고, 또한 살기 위해 알고자 하는 것이다. 앎은 삶을 살아내려는 가련한 노력이다. 앎이 삶을 옥죄기 전까지는….

삶이 시작인데

삶이 시작이다. 삶에서 시작해서 삶의 문제를 해결하고자 더듬어 알게 되었다. 그러다가 좀 더 확실하게 붙잡아 보자고 있음에 이르게 되었다. 순서가 '삶-앎-있음'이다. 그런데 있음이 자리잡더니 순서가 뒤집혔다. 있음이 기준이 되고 뿌리가 된다. 거기에 대해서 앎은 '있음에 대한 앎으로 살라'라는 식으로 군림한다. 있음에 대한 앎, 이것이 무엇인가? 사상이고 도덕이며 문화이고 종교이다. 삶이 필요해서 만든 문명의 건축물이다. 그런데 거꾸로 삶을 조정하고 지배하는 지경에 이르렀다. 그래서 소외가 벌어진다.

삶의 소리는 옹알이

　인간이 신에게 말하는 것은 어린아이의 옹알이와 같다. 그 옹알이를 다른 사람은 못 알아들어도 엄마는 귀신같이 알아듣는다. 신도 그런 분 아닌가? 인간이 신 앞에 선다는 것은 그런 것이다. 설령 아니더라도 우리는 그렇게 옹알이를 하면서 산다. 좀 더 많이 해도 좋지 않을까? 설사 아무도 들어주지 않는다고 해도!

삶이 생겨먹은 꼴

우리 삶은 이미 먹고 들어가는 삶이다. 얽혀져 굴러가고, 치이고, 내던져진 것이다. 그러니 우리 좌표는 0이 아니다. 정수도 아니다. 소수 자리까지 가야 한다. 그런데 우리는 늘 영점에 조준되어 있다고 간주한다. 내가 본 것을 세계 그대로라 한다. 물론 착각이다. '생각하는 주체'란 그런 것이었다. 그러나 '내던져진 실존'은 내가 영점이 아니라는 홀연한 깨달음이다. 나는 시작도, 중심도 아니다. 그렇다고 자기비하는 결코 아니다.

삶은 부분도 아니고 파편이다

삶은 전체가 아니라 부분이다. 그러나 사실 부분도 아니고 파편이다. 전체에 대해 우리 시대가 반동하면서 내뱉은 고백이다. 전체가 불가능하니 포기하라는 것이다. 붙여서 다시 전체를 만들 수 있는 부분도 아니다. 그저 파편이다. 그래서 차라리 무게가 덜어진다. 전체를 짊어질 수도 없지만 그러지 않아도 되니 말이다.

'그대로'가 아니라 '나름대로'이거나 '마음대로'

앎의 주체는 자기가 아는 것이 '그대로'라고 주장했었다. 물론 의기양양한 앎의 주체가 주장한 '그대로'는 기껏해야 '나름대로'이거나 심지어 '마음대로'였다. 이것이 앎에서는 드러나지 않는다. 삶에서야 비로소 드러난다. 아니 삶이 폭로한다. 나를 살고 있는 삶의 소리에 귀를 기울여야 하는 이유다.

앎의 논리 vs 삶의 생리

앎은 물음에 대한 해답을 얻는 것을 목표로 하니 논리^{論理}를 기틀로 한다. 앎이 구하는 답은 예측의 힘을 주었기에 쓸모 있고 절실했다. 그러나 그런 만큼 아귀가 맞도록 이미 짜여 있는 것이었다. 다만 찾아서 드러낼 뿐이었다. 반면에, 삶은 그 자체가 물음일 수밖에 없다. 예측이 불가하기 때문이다. 아귀를 맞추는 것이 허락되지 않는다. 논리로 풀어질 수 없는 생리^{生理}로 엮어져 있으니 찾는다고 드러나는 것도 아니다. 삶의 얼과 꼴이 얽혀 가는 대로이다. 우리의 얼굴이 그렇지 않던가? 얼이 드러난 꼴 말이다.

비어 있는 앎이 아니라 우글거리는 삶이다

앎이란 하얀 종이 위에 그려가는 것이라고 생각했었다. 그래야 공평하고 투명하게 판단할 수 있기 때문이다. 그런데, 그래서 삶과 멀어진다. 삶이 그렇게 텅 빈 종이와 같은가? 이미 뒤범벅되어 있다. 비어 있는 앎이 아니라 우글거리는 삶이다. 이게 우리고, 우리의 삶이다. 태어날 때부터 이미 그랬다. 아니 태어나기 전부터 이미 그랬다.

삶은 기대어 있음이다

삶의 뜻을 푼다는 것은 속뜻을 겉으로 드러내는 것이 아니다. 속뜻일 수밖에 없고 그래서 알 수 없다. 알지 못해도 뜻이 없지 않다. 그러니까 모르다가도 알 것 같고, 알 것 같다가도 모른다. 세계나 인간이 모두 그렇다. 서로 얽히고 기대어 있으니 더욱 그렇다. 내가 먼저 있고, 이후에 세계에서 사는 것이 아니니 말이다. 세계가 나를 만들고, 동시에 나도 그런 세계를 만들고 있으니 말이다.

어떻게 불안을 싸안고 갈 것인가?

　논리적인 설명에는 다른 것이 끼어들 자리가 없다. 서로 들어맞는다. 그런데 이때 맞는 것은 앎이다. 서로 맞아떨어지는 앎에는 자유가 끼어들 필요도 없고 끼어들 수도 없다. 앎으로 충분하다. 그러나 그 앎이 자신을 옥죄는 족쇄가 된다. 앎과 삶의 갈등을 피할 수 없다. 하지만 갈등이 자유의 터전이 된다. 물론 불안도 함께 간다. 앎에서 보면 불안과 갈등은 피하거나 넘으려 하겠지만, 삶에서는 겪으면서 거쳐 가는 것이다. 피하거나 넘으려 하면 여전히 남아 있을 수밖에 없다. 그러나 겪으면서 거쳐 가면 해결되고 해소된다. 작은 물음이 더 큰 물음 안에서 사라지는 것과 같은 이치다.

앎이 그대를 속일지라도

정치나 종교에서 자신의 믿음을 절대화하려는 사람들이 얼마나 많은가? 종교도 자기 굴레를 벗으라고 가르치지만 쉽지 않다. 현실은 정반대이다. 믿음을 놓으면 허무의 심연에 빠질 것 같은 두려움 때문이다. 왜? 신념은 그것이 망상이라 하더라도 안정을 선사하기 때문이다. 결국은 자기 믿음을 믿는 것이다. 앎이 우리를 속이듯이 앎의 꼴을 한 믿음도 우리를 속인다. 속임이 다가 아니다. 속이고 억누르면서 결국은 집어삼킨다.

신념이 태만에서 나온 것일 수도…

적극적인 열정이 의견을 만들고 마침내 주장을 낳는다. 중요한 것은 그 이후다. 자신의 주장을 인정받고 싶다는 생각에 집착하면 융통성 없는 신념으로 변해버린다. 신념이 강한 사람은 위대하다. 하지만 그는 과거를 고집할 뿐 미래로 나아가지 못한다. 신념이란 결국 정신의 태만일 수도 있다. 자기의 과거로 현재를 재단하고 미래를 결정하니 고정관념이 되어버린다.

앎의 증명 vs 삶의 모험

옛날에는 증명이 중요했다. 그런데 근대로 오면 증명할 수 없다고 한다. 있음에서는 증명을 해야 했었는데 앎에서는 증명할 수 없게 되었다. 그러나 삶으로 나아가면 증명이 불가할 뿐 아니라 가능하더라도 의미가 없다. 삶은 증명만으로 욕구 충족이 되지 않기 때문이다. 삶에는 설명될 수 없는 모험이 적지 않기 때문이다. 반복되는 일상이다 보니 그렇게 보이지 않을 뿐이다.

진리 아래 신념이 깔려 있으니

진리이기 때문에 믿는 것이 아니다. 믿기 때문에 진리다. 앎의 논리로 보면 진리가 먼저다. 그러나 삶의 생리에서는 믿음이 먼저다. 무슨 종교적 신앙을 말하는 것이 아니다. 그저 일상의 신념이 그러하다. 순서가 그렇게 간다. 진리라고 집요하게 주장하지만 뿌리에 이미 그런 믿음이 깔려 있었다. 진리의 정체가 드러났다.

진리의 객관성이라는 봉창

"진리는 주체성이다."

언뜻 황당하게 들리지만 이 주장은 '삶에 닿는 참'을 가리킨다. 누구나 동의해야 하는 보편적 진리가 아니라 서로 다른 삶에서 뜻을 갖는 진리다. 보편적 진리란 지배자들의 체제 유지를 위한 음모라는 것이 고발되고도 한참 지났다. 진리의 보편타당성이나 객관성 같은 시대착오적인 봉창을 더는 두드릴 일이 아니다. 게다가 확실하지도 않으니 불확실성을 싸안아야 한다. 드러난 것뿐만 아니라 숨은 뜻을 더 들어야 한다. 삶의 뜻 말이다.

진리보다는 안정을 원하지만

　사실 우리는 진리가 무엇인지에 대해 그리 큰 관심은 없다. 진리가 주는 안정이 목적이다. 그러나 안정은 자유를 희생해서 얻어지는 때가 많다. 자유는 평안보다 불안과 함께 가기 때문이다. 물론 평안은 중요하다. 그러나 평안에서 벗어날까 두렵고, 지키려는 강박에 사로잡히니 도리어 불안하다. 심리적 평안의 기만이다.

확신이라는 감옥

  자유로 향하는 진리는 의심을 허락한다. 끝없이 쫓는 과정이니 그럴 수밖에 없다. 반면에 신념으로 뭉친 확신에는 의심이 허락되지 않는다. 확실해서 확실한 것이 아니라 확실하기를 바라는 앎이 확실한 것을 잡았다고 하는 것이기 때문이다. 확실하다고 믿으니 확신이다. 그래서 확신은 착각일 수도 있다. 그런데 여기에 머무르지 않고 강박으로까지 간다. 지키려고 하기 때문이다. 그래서 감옥이 된다. 확신은 감옥이다.

나에게는 강박, 타자에겐 독단

　진리가 설령 있다고 하더라도 누군가 가질 수 있는 것은 아니다. 다만 향할 수 있을 뿐이다. 그런데 우리는 진리를 소유하려고 한다. 더 나아가 신념으로까지 간다. 그런데 그런 신념에는 대체로 자유가 없다. 나에게는 강박이 되고 타자에게는 독단이 된다. 소유된 진리는 거꾸로 나를 지배하기 때문이다. 주인이 노예를 소유하는 것 같지만 반대로 주인이 노예에 의존하는 것처럼 말이다.

진리와 자유

이제는 진리가 더 이상 고정적이지 않다. 명사가 아니다. 전체도 아니고 완결도 아니다. 진리는 동사이고 사건이다. 그래서 결국 진리와 자유가 다시 만난다. 앎의 논리에서는 진리가 자유와 부딪치지만, 삶의 생리에서는 진리와 자유가 서로 껴안는다. 자유하게 하는 것이 진리이기 때문이다. 살게 하는 의미라는 것이 바로 이를 가리킨다. 의미에서야말로 진리와 자유가 만날 수 있으니 말이다. 지금 당신의 삶이 그러하다.

정직한 감각과 속이는 개념

감각의 증거가 엄연히 있는데 우리는 여기에다가 나름 대로 파악하고 판단한다. 여기서 추려지는 것을 개념이라 하니 우리는 개념이 감각 자체인 줄로 착각한다. 이는 감각의 증거를 변조한 것이다. 완전히 뒤집힌 세상을 살고 있다. 사실 세상이 뒤집힌 것이 아니라 우리가 뒤집어 놓고는 그것을 세상이라 한다. 삶은 엄연히 모순과 부조리의 뒤범벅인데, 앎이 이를 매끈하게 주물러 내니 거짓말이다. 앎이 우리를 속인다. 아니 우리가 기꺼이 속아주고 있다.

이성은 무조건 옳던가?

　이성은 무조건 옳던가? 이성이 편견을 가지고 있을 것이라고 생각해 본 적이 있는가? 아니 내 삶에서 이성이 얼마나 자리를 차지하고 있는가? 솔직히 생각보다 훨씬 작고, 적을 수밖에 없다는 것을 부정할 수 없지 않을까? 앎에서 보면 그럴듯해 보이지만 삶에서는 그만하지 않다. 그래서 삶의 몸부림이 터져 나왔다. 요즘 이야기라서 아직도 이성을 붙들고 있는 부류들이 적지 않지만 말이다.

체험은 주관적이기만 한 것이 아니다

체體는 '내 몸 안에서 일어나는 것'이지만, 험驗은 '다른 것을 겪는 것'이다. 즉, 체험은 주관적이기만 한 것이 아니다. 주관과 객관의 얽힘이다. '체'라고 했을 때는 머리만이 아니라 '온몸'이 겪는 것이다. 머리가 겪는 것은 '앎'이지만 몸이 겪는 것은 '삶'이다. 따라서 체험은 삶의 결이고 꼴이다. 경험은 알아내는 것이고, 체험은 살아가는 것이다. 그중에 아는 것은 일부요, 모르는 것이 훨씬 더 크다. 얼마나 더 큰지도 모른다.

겪으면서 풀고, 풀면서 겪는다

　삶은 무색투명하지 않다. 투명하지 않은 삶에서 삶으로 뜻을 겪고, 풀고, 새긴다. 겪는 것이 체험이라면 푸는 것이 해석이다. 그런데 겪고 나서 풀어 새기는 것이 아니다. 겪을 때 풀어 새기면서 겪는다. 풀어 새기는 것 자체가 겪는 것이다. 말하자면, 체험과 해석은 따로 놀지 않는다. 해석으로 체험하고, 체험으로 해석한다.

사실이라는 것의 정체

삶의 눈에서 '사실'이란 작은 이야기이다. 하나의 사건을 두고 충돌하는 사실들이 얼마나 많은가? 왜 그런가? 사실의 경험에는 생각의 두터운 층이 겹겹이 작동하기 때문이다. 우리는 사실을 사실 그대로 알게 되기보다는 이를 통해 우리의 생각과 신념을 확인할 뿐이다. 결국 우리는 사실을 통해 자신을 경험한다. 내려놓지 못하니 자신만 본다. 그럼에도 '사실'이라고 한다.

메타버스의 눈속임

　디지털 기술이 급속도로 발전하면서 소위 가상세계가 점차로 넓어진다. 가상현실에서 증강현실로 그리고 혼합현실로 나아간다. 가상현실은 가짜라고 했는데, 증강현실은 현실을 더 보완하고 강화하는 것이라면, 혼합현실은 이 실제와 가상 사이를 넘나들게 한단다. 평면에 머물렀던 디지털 기술이 일방적이었다면, 이제 이런 현실들은 말 그대로 입체적으로 들어가도록 해준다. 일방을 넘어 주고받는 상호관계도 가능하다. 물론 아직은 눈의 감각에만 머물러 있지만 현실과 가상의 경계마저 무너뜨릴 만큼 우리를 속인다. 속이는 줄 알고 속으니 속는다고 해야 하는가, 속지 않는다고 해야 하는가?

좋아서 좋아하는가, 좋아해서 좋다는 것인가?

비이기적 행위라도 이익을 주면 좋다. 이익은 무엇인가? 나에게 좋은 것이니 이기적인 것이다. 비이기적 행위가 이기적 이익을 얻게 해주니 좋다. 그런데 이기적 이익을 얻게 해준다는 근거는 사라져버리고 드러난 비이기적 행위가 여전히 주어로 등장한다. '비이기적 행위가 좋다'는 식으로 추려진다. '비이기적 행위가 좋다'에서 좋은 것은 '선善'이다. 그러나 '이기적 이익을 얻게 해주니 좋다'에서 좋은 것은 '호好'이다. 사실 좋아하기 때문에 좋다는 것이지 좋아서 좋아하는 것은 아니다. 그런데 그렇다고 착각한다.

같음을 좋아하면서 다름과 틀림은 버무려 쓰더니

한글 표현에 어떤 것들이 서로 다를 때 '틀리다'는 표현을 쓰기도 한다. 다를different 뿐인데 틀리다wrong고 한다. 나와 다른 것은 그저 다른 것이 아니라 틀리고 그른 것이라는 본능적 착각이 혼동하도록 했다. 영어 표현에서도 비슷하게 엮인 것이 있다. '좋아한다'는 말과 '-같이'라는 말이 똑같이 like라는 표현을 쓴다. 같은 것을 좋아하니 버무린다. 또 좋아하니 같다는 것이다. 같은 것만 좋아하게 되어 있다. 요즘 인터넷에서 검색하면 같거나 비슷한 것들이 마구 쏟아진다. 이른바 알고리즘이 작동하는데 같은 것을 좋아하는 심리를 활용해서 장사한다. 이러면서 결국 확증편향으로 몰고 간다. 앎이 속이고 믿음이 속이는데 같다고 좋아한다.

단순한 진리와 복잡한 의미

진리가 단순하다면, 의미는 복잡하다. 진리는 같아야 하니 당연히 단순하다. 이에 비해 의미는 아침저녁으로 바뀔 수 있으니 복잡할 수밖에 없다. 이것이 진리가 선호된 이유다. 그러나 우리는 의미로 산다. 아니 이미 의미로 살아왔다. 배우자를 선택할 때 누구나 옳다는 진리를 따라서 했는가, 아니면 내게 소중하다는 의미를 살피면서 했는가? 삶에서는 이토록 의미가 크다. 다만 그것을 진리라고 불렀을 뿐이다. 진리가 보장하는 안정이 달콤했기 때문이다.

머릿속을 채우는 것은 사유가 아니라 욕망이다

삶의 뿌리는 감성이다. 그런데 감성이라면 욕구를 떠올리면서 부끄러워하는 경향이 있다. 그러나 인간의 욕망은 배에서만 꿈틀거리는 것이 아니라 머리로까지 솟친다는 것을 인정해야 하지 않을까? 감성이라는 욕망이 몸 전체, 아니 인간 전체를 휘감고 있다. 머릿속을 꽉 채우고 있는 것도 사유가 아니라 욕망이다. 앎이 아니라 삶이 뿌리이니 말이다. 이것을 받아들이면 차라리 넉넉해진다. 그리고 살 길도 더듬을 수 있다.

의인화하는 폭력

    인간이 자연을 알아가는 것은 모름이 가져오는 불안을 극복하기 위함이다. 그러다 보니 모든 것을 설명될 수 있는 것으로 포장하려 한다. 이유를 알 수 없는 것에 대해서도 어떻게든지 이유를 만들어낸다. 자연현상조차도 의도적인 것으로 새긴다. 자연을 정신으로 싸잡으려는 관념론 같은 철학도 그러하거니와 종교도 역시 그랬다. 이러면서 의인화의 폭력이 일어난다. 자연이 인격적으로, 도덕적으로 판단한다고 본다. 잘 보이면 편안하게 살지만 잘못 보였다간 어떤 일을 당할지 알 수 없다고 말이다. 어릴 적 동화책 이야기가 이렇게 꼬이게 만들지는 않았을 텐데 무슨 연유일까?

이유 없이 살지 못하는 우리

그저 자연으로 흘러가는 것을 우리는 앞선 이유에서 비롯된 것으로 보아야만 아귀가 맞고 직성이 풀린다. 그렇게 인간은 근거 없이 살지 못하도록 길들여졌다. 현상을 그대로 보는 것이 아니라 어떻게든 이유를 들이댄다. 앞선 이유면 원인이고, 뒤에 오면 목적이다. 이유는 중립인데, 원인이 되기도 하고 목적이 되기도 한다. 그러면서 세상이 뒤틀린다. 아귀를 맞추려다가 삶이 뒤틀린다. 모순과 부조리인 삶은 아귀가 맞혀질 수 없으니 말이다.

삶의 목적이라는 기만

삶에 삶과는 다른 목적이 있는가? 목적은 의지라는 정신 기능이 고안해낸 것일지도 모른다. 목적은 때로 미래를 위해 현재를 유보해야만 하는 착취의 논리를 정당화하는 근거로 작동하기도 한다. 목적이 가지는 순기능이 있기는 하지만 말이다. 목적을 떠올리며 스스로 채찍질하기에 삶은 가련한 한 조각 숙명이다.

주술이 주술로

언어가 주어와 술어로 엮인 구조이다 보니 주어가 먼저라고 생각한다. 이것은 단순한 착각이나 기만이 아니다. 인간이 자신을 주어로 세우면서 세상의 주인이 되고자 했기때문이다. 언어의 주술主述구조가 인간이 스스로 주인이라고 착각하도록 주술呪術을 걸었다. 우리 시대가 그 대가를치르고 있다. 파괴된 자연이 거꾸로 보복해 오니 말이다.

주어가 아니라 술어가 먼저다

대체로 주체가 주어로서 주도권을 지니고 술어는 여기에 지배되는 것이라고 생각했다. 그러나 이제 사람들이 빠져나오려고 한다. 주어가 주도권을 지닌다고 하면서 거꾸로 조이고 있기 때문이다. 주어와 술어를 뒤집어야 한다. 술어인 동사로 이루어진 삶이 근본 뿌리이기 때문이다. 여기서 주어가 파생되었기 때문이다. 그저 무색무취의 사물이기만 한 주어가 있는가?

애매모호가 자유의 길

삶은 과정이기 때문에 애매모호할 수밖에 없다. 그것을 견뎌야 한다. 그런데 쉽지 않다. 애매모호는 불안하기 때문이다. 불안을 없애려고 종교에 들어갔더니 안정을 구실로 성숙을 거부한다. 그래서 '유아기적 환상'이라고 비판받는다. 해방을 위한 종교가 속박이 되는 이유다. 애매모호가 자유로 가는 길이다. 불안이 자유와 함께 가니 말이다.

말이 삶을 얼마나 담아내는가?

원래 말이었다. 터져 나온 말이 겨우 글에 담긴 것이다. 생명이고 삶이니 글보다 말이었다. 글이 앎의 언어라면, 말은 삶의 언어다. 말이라 했지만, 삶을 어찌 말로 다 담을 수 있었겠는가? 우리 삶이 문장으로 정리되는가? 그것도 깔끔하게 주어와 술어의 엮임으로 짜일 수 있는가? 모든 상황에서 그렇게 주어가 확실한가? 어림도 없다. 말로 다 하려고 하지 말라. 부질없을 뿐 아니라 애쓰는 나만 힘들다. 아니 듣는 남들도 힘들다.

감춰진 뒷면이 우리를 살린다

진리는 열어 밝힌다. 그러다 보니 드러나서 알게 된 것만을 진리라고 간주한다. 그런데 밝혀지기만 하는 진리는 인간에게 '복종'을 요구한다. 사실 진리의 이름으로 강요한다. 그런 진리는 결국 인간에게 죄의식을 심어준다. 모두에게는 억압이었고, 개인에게는 강박이었다. 이념과 관념이 늘 그랬다. 그러나 진리에는 밝히 드러남만 있지는 않다. 드러나지 못하고 있는 감추어짐이 엄연히 있다. 얼마나 감추고 있는지도 알 길이 없다. 덕분에 진리가 단순히 복종이 아니라 오히려 자유를 향할 수 있게 한다.

이름의 매력과 마력

　이름은 힘이 있다. 이름의 매력이면서 동시에 마력이다. 그런데 우리가 매력에 빠지다가 마력에 휩쓸릴 수도 있다. 어느 순간 매력과 마력을 구별하지 못하기도 한다. 마력에 휩쓸리고 있는데도 매력인 줄로 안다. 이름만 열심히 불러도 주술효과가 나타난다. 똑같은 언어를 계속 부르면 공중부양이 일어나고 주술효과가 나타난다. 종교는 물론이고 학문도 그렇다. 돈은 더 하다. 아닌 체하지 말자.

이름의 위력과 기만

무서운 악마도 이름을 붙이면 몰아낼 수 있다. 까마득한 신도 이름을 붙이면 불러내고 경배할 수 있다. 그리고 보면 이름 짓기는 학문에서만 벌어지는 일이 아니었다. 종교부터 그러했다. 기실 이름 붙이기일 뿐일 수도 있다. 그런데 이름을 붙여놓고서는 불안을 극복했다고 생각한다. 싫은 것을 몰아내고 좋은 것을 불러들인다. 이름의 위력이다. 자기기만의 착각일 수도 있는데 말이다.

삶을 평미레질 하는 개념

무엇을 알고자 해서 뽑아내는 것이 개념이다. 그런데 개념에서 '개槪'는 평미레질을 한다는 것이다. 평평하게 고르다가 결국 찍어 누른다. '념念'은 '떠오르는 생각'이다. '뜻하는 생각'인 사思와는 사뭇 다르다. '애써 하는 생각'이 아니라 '솟구쳐 오르는 생각'이다. '애써 하는 생각'이 앎이라면 '솟구쳐 오르는 생각'은 삶이다. 그러니 개념은 '삶에서 솟구쳐 일어나는 생각을 평미레질로 억눌러 찍어낸 것'이다. 개념은 삶으로 밀고 들어오는 생각을 그렇게 찍고 잘라낸다. 필요하긴 한데 위험하기도 하다. 목욕물을 버리면서 자칫 아이까지 버릴 수도 있다.

모름과 물음

모르고도 살고 살고도 모른다

삶에서 알고 깨달으며 살아가는 시간은 그리 길지 않다. 더 긴 시간을 모르고 살아간다. 앞으로의 삶도 모르지만 살아왔던 삶도 모른다. 돌이킨다고 알 수 있는 것도 아니다. 모르고도 살고, 살고도 모른다. 모르고도 산다고 하니 불안하게 하는 듯하지만, 살고도 모른다는 것은 우리를 안심시킨다. 그래도 괜찮다는 것이기 때문이다.

뭘 모르는지도 모르니

우리네 인생은 조금 알고 살지만 대부분 모르고도 산다. 그런데 모른다는 것을 알지 못한다. 그래서 마음이 편할 수도 있다. 그러다가 모른다는 것을 알게 된다. 그 모름을 해결하고자 앎을 늘이니 이전에 몰랐던 것 때문에 생겼던 불편을 해결할 수 있다. 그래서 모른다는 것을 아는 것은 중요하다. 그러나 여기서 멈추지 않는다. 더 들어가면 무엇을 얼마나 모르는지를 모르는 단계가 있다. 가늠도 되지 않는다. 모르는 것이 첩첩산중이다. 이런 모름을 없애는 것은 불가능하다. 그래서 삶은 물음이다. 물을 수밖에 없다.

모름의 이미, 아직, 아예

안다고 생각했는데 '이미 잘못 알고 있는 것'이 꽤 많다. 이것은 사실 앎이 아니라 모름이다. 다만 안다고 착각했을 뿐이다. 그런가 하면, '아직 알지 못하는 것'도 있다. 그렇다는 것을 안다면 참 다행이다. 앞으로 알게 될 수 있으니 말이다. 그런데 '아예 알 수 없는 것'도 있다. 그런데 우리는 이것이 그런 줄 모른다. 아예 알 수 없는데 그런 줄 모르니 '이미 잘못 알고 있는 것'이거나 '아직 알지 못하는 것'이라고 오인하기도 한다. 그러나 '아예 알 수 없는 것'은 이것들과는 전혀 다르다. 이 차이를 힐끗이라도 느끼는 것이 중요하다. 실수나 부질없는 몸부림을 줄여줄 수 있기 때문이다. 아니 마음까지도 편안하게 해줄 수 있기 때문이다.

아는 게 힘이고 모르는 게 약이라는데

'아는 것이 힘'이라는 말이 있다. 그런가 하면 '모르는 게 약'이라는 말도 있다. 어떻게 저울질을 해야 할까? 평소엔 힘이 좋다. 그러나 아프면 약이 더 필요하다. 아프면 힘도 낼 수 없고 힘이 급하지도 않다. 우선 아프지 않게 하는 것이 중요하다. 약이 더 급하다. 모름을 앎보다 앞서 챙겨야 한다. 그런다고 다 살필 수 있는 것은 아니지만 말이다.

모르고 잊어버려서 좋은 삶

앎은 모름을 없애 버려야 한다고 생각한다. 그러나 삶은 모름의 오묘한 역할에 주목한다. 모름이 무슨 역할을 할 수 있을까? 어렵게 생각할 것 없다. 한계이다. 모름은 앎의 한계이다. 다 안다는 착각은 불안 강박에서 생긴 것일 뿐이다. 앎으로 보면 모름은 불안이지만, 삶으로 보면 모름은 초월이다. 내가 알고 있는 것이 전부가 아니니 내 앎을 넘어서게 된다. 초월 덕분에 편안해진다.

모름은 아집에서 벗어나는 길

모름에 정직하지 않으면 아집에 빠질 수밖에 없다. 드러난 것만을 진리로 간주한다면 집착과 오류를 벗어날 길이 없다. 진리는 다 드러날 수 없으니 감춤, 즉 모름을 포함하기 때문이다. 진리와 아집 사이를 구별해주는 근거는 무엇인가? 그것은 바로 모름이다. 진리가 모름의 가능성을 전제한다면, 아집은 모르는 것이 없다는 착각이다. 예를 들면, '스스로 의로움'은 불의보다 더 나쁘다. 착각에서 나온 명분으로 무슨 짓을 할지 모르니 말이다.

신뢰는 모름이다

분석은 앎이고 신뢰는 모름이다. 신뢰란 모르면서 믿는 것이다. 알면 믿고 말고 할 필요가 없다. 다 아는데 신뢰할 필요가 있을까? 신뢰하지 않아도 그냥 앎이다. 2+2=4라는 명제는 믿고 말고 할 꺼리가 아닌 것처럼 말이다. 그러나 모르면서 믿는 신뢰는 해결을 위한 보장도 없이 믿는 것이다. 보장이 있다면 '신뢰'가 아니라 그저 '확인'일 뿐이다.

알고 하는 확신과 모르고 하는 결단

확신은 아는 것을 확인하는 것이고, 결단은 모른 채로 행동하는 것이다. 그러기에 확신은 대체로 아전인수일 가능성이 크다. 알면 결단은 필요 없다. 그러나 모름은 결단을 요구한다. 결단이 모험을 동반한다는 것도 이런 뜻이나. 그런데 알고 하는 확신보다 모르고 하는 결단이 더 큰 힘을 발휘한다. 모름의 힘이다.

모름의 소리

　오래전에 〈침묵의 소리Sound of Silence〉라는 노래가 유행했었다. 침묵인데 소리가 난다. 들리지 않으나 지르는 소리다. 지르지 않아도 들리는 소리일 수도 있다. 내가 지르는 소리가 아니다. 내가 지른다면 지르지 않을 수도 있었다. 지르고 말고 하는 소리가 아니었다. 신음이라고도 했다. 그런 '침묵의 소리'에 먼저 귀 기울여야 한다. 무엇을 내지르기 전에 먼저 들어야 한다. 모름이 나에게 밀고 들어오는 소리다. 삶이 내게 던지는 소리이다. 내가 소리를 지르는 것이 아니라 소리가 나를 지른다.

모름이 곧 지혜

모르면 불안하다. 그러나 모름은 불안을 싸안으면서 살아갈 지혜를 주기도 한다. 지식이 앎이라면 지혜는 모름이다. 지식은 양적인 축적이 가능하고 모름을 없애는 것이 목표다. 그러나 지혜는 모름을 받아들이는 삶의 길이다. 앎이 전부가 아니라는 것이다. 그래서 놓아주면서 오히려 자유롭게 해주는 깨달음이다.

모름이 주는 선물

즐거우면 웃는다. 그런데 즐겁지도 않은데 웃으라는 치료법이 있다. 웃음 치료다. 무슨 미친 짓인가 싶을 정도다. 웃을 일도 없는데 억지로 웃으라니…. 그런데 억지로라도 웃으면 몸이 즐거움을 느낀단다. 원인과 결과를 뒤집는 발상이다. 즐거워서 웃는 것이 아니라 웃으면 즐겁다고 느낀다니 말이다. 몸이 속는다. 속고 속임에 모름이 절묘하게 작동한다. 모름이 주는 선물이다. 속아서 좋은 것이 흔치 않지만 이럴 때도 있다.

낡은 것을 새롭게 하는 모름

앎은 끊임없이 새로운 것을 찾아 나선다. 그런데 '새롭기만 한 새로움'은 시간이 지나면서 바로 낡은 것이 되어버린다. 다르기만 한 다름이나 새롭기만 한 새로움은 앎의 차원에서 조작해내고 변형한 것이기 때문이다. 독창성을 명분으로 등장했던 수많은 새로움의 운명이 그러했다. 그러나 뻔해 보이는 것이라 하더라도 되돌아가 보면 여태껏 보이지 않았던 것이 홀연히 나타날 수도 있다. 어렸을 때 읽었던 책을 수십 년 지나 읽으면 전혀 다르게 읽힌다. 이때 새롭게 읽히게 하는 것은 삶에서 흘러왔던 모름이 하는 일이다.

삶 자체가 물음이다

삶은 물음이다. 앎이 대답이라면 삶은 물음이다. 삶을 사는 사람이 물을 뿐 아니라 삶 자체가 이미 물음이다. 사람이 물을 때는 대상이 있지만 삶이 물을 때는 대상이 없다. 물음으로서의 삶은 꼭 대답을 얻어야 하는 것은 아니다. 대답이 있는 것도 아니다. 게다가 어느 대답에도 만족할 수 없다. 삶 자체가 물음이기 때문이다. 부담일 수도 있지만 편하게 해주는 넉넉함이 더욱 크다.

삶 자체가 바로 삶의 뜻이다

삶이 물음이라는 것은 삶이 '뜻'을 구한다는 것이다. 뜻이라는 것이 굳이 거창할 필요는 없다. 대단한 근거나 이유도 아니다. 근거가 없어도, 이유가 없어도 뜻은 있다. 삶에는 사실 삶 이외의 다른 이유가 없다. 그렇다고 뜻이 없는 것은 아니다. 삶 그 자체가 바로 삶의 뜻이다. 그러니 그 뜻은 어느 순간에도 고정되어 있지 않다. 그것이 바로 삶을 살게 하는 힘이다. 삶의 뜻이란 그런 것이다.

아직도 삶이 낯설다

삶이 전면에 등장하게 되니 사태는 역전되었다. 삶은 있음 못지않게 없음을 살아가는 것이며, 앎과는 비교도 되지 않는 모름을 안고 사는 것이다. 모르고도 살고, 살고도 모른다. 삶에 없음이 깊고 넓게 드리워져 있기 때문이다. 그러니 없음과 모름에 주목하는 물음이 그저 지나가고 마는 징검다리 정도가 아니다. 디딤돌이 아니라 주춧돌이다. 물음이 어떤 틀과 길로 엮여 가는가에 따라 삶의 얼과 꼴이 달라지기 때문이다. 그런데 아직도 삶이 생소하다. 참으로 기이한 일이다. 살고 있는데 삶이 낯설다!

'어떻게 살아야 할까?'라는 물음의 오만

어떻게 살아야 할까? 물론 잘 먹고 잘 살 땐 묻지 않는다. 묻지 않을 수 없어서 묻는다. 결코 한가한 물음은 아니다. 그럼에도 자주 묻게 된다. 마치 세상을 내가 어떻게 해야 한다는 듯이 말이다. 뜻이 없지는 않지만 지나칠 수도 있다. 나도 모르게 빠져드는 오만이다. 삶은 그런 허영심으로 더욱 힘들어진다.

대답할 수 없는 물음이
대답 강박에서 벗어나게 해 준다

대답할 수 없는 물음도 의미가 있는가? 물론 이렇게 되물을 수도 있다. 그러나 대답할 수 있는 물음만 뜻을 지니는 것은 아니다. 대답할 수 없는 물음들이 훨씬 더 많다. 다만 대답하기 어려운 물음들을 의미 없는 물음으로 폐기해 버렸으니 대답할 수 있는 물음들만 의미 있는 것처럼 자리 잡고 있을 뿐이다. 그런데 대답에 대한 강박은 결국 세상을 물음-대답의 공식 안에 가둔다. 대답을 듣지 못하면 안달하고, 오답이라도 들어야 안심한다. 그러나 우리 삶에는 비록 대답할 수 없어도 뜻을 주는 물음들이 적지 않다. 삶이 물음이라는 것은 바로 이를 가리킨다.

대답인 진리와 물음인 의미

진리가 대답이라면 의미는 물음이다. 이미 여기서 결정적인 차이를 보인다. 진리는 늘 대답으로 군림한다. 사실 묻기도 전에 먼저 대답으로 자임한다. 보편타당성이고 객관성인데 굳이 서로 다른 물음을 고려할 이유도 별로 없다. 그러니 묻기 전의 대답이고 물음 없는 대답이다. 그런데 물음이 없다면 대답도 아니다. 전통적으로 진리는 그런 식으로 작동했다. 물음이 허락되지 않는 상태에서 대답이라고 하니 대답일 수 없었다. 진리에 대한 항거가 이래서 터져 나왔다. 물음일 수밖에 없는 삶이 진리를 대답으로 받을 수 없었기 때문이었다.

문제-해결과 물음-대답

삶에서 만나고 겪는 문제problem들은 해결solution을 필요로 한다. 그런데 해결이 끝은 아니다. 앎에서는 그러해도 삶에서는 아니다. 삶에서는 문제-해결에 대해서도 물음이 던져진다. 그런 물음question은 대답answer으로 종결되지 못한다. 오히려 더 큰 물음을 만남으로써 지금까지의 물음이 작은 물음이 되어버린다. 그래서 붙들고 씨름하지 않아도 된다. 물음은 해결되는 것이 아니라 해소dissolution될 뿐이다. 삶의 오묘한 생리 덕분이다.

답이 없다는 것이 답

물음은 대답을 향한다. 대답을 얻으면 물음은 목적을 달성한 것이다. 그 대답이 때로 해결까지 하면 해답으로 등극한다. 물음은 종결된다. 물음과 해답의 방정식이다. 그러나 이것은 앎의 영역에서일 뿐이다. 삶에서는 그런 방정식이 통하지 않는다. 그래서 삶에는 '해답이 없다'고 한다. 심지어 '해답이 없다는 것이 해답'이라고도 한다. 말장난처럼 들리기도 하지만 실로 깊은 지혜다.

물음 없는 대답에서 대답 없는 물음으로

　　전제군주 시대의 물음에는 대답이 미리 정해져 있었다. 그러니 '물음 없는 대답'이었다. 주로 '무엇' 물음이었다. 하지만 오늘날 우리는 대답이 없는 줄 알면서도 묻는다. '대답 없는 물음'이다. 대답이 나와도 또 물을 수밖에 없는 '왜' 물음이다. 삶의 뜻은 '왜' 속에서 헤아려지기 때문이다. 그래서 '물음 없는 대답'에서 '대답 없는 물음'으로 간다.

모든 의문사가 얽혀 물음을 만든다

옛날에는 '무엇' 물음이 가장 중요했다. 그리고 대답은 하나로 정해져야 했다. 그러다가 '어떻게'를 묻게 되었다. 과학 덕분이었다. 하지만 오늘날 우리는 그렇게만 묻지는 않는다. 이유를 파고드는 '왜'를 묻는다. 그리고 '왜'는 스스로를 풀어내기 위해서라도 남아 있던 나머지 물음들을 모두 끌고 나온다. 결국 여섯 개의 의문사가 모두 등장한다. 누가, 언제, 어디서, 무엇을, 어떻게, 왜 했는지 묻는다. 그것도 때마다 가장 중요한 물음이 달라진다. 어떤 때는 '누가'가 중요하고, 다른 때에는 '어떻게'가 중요하다. '언제/어디서 왜' 했는지를 물어야 할 경우도 있다. 삶은 커다란 한 줄기로 풀 수 없는 뒤얽힘이다. 작은 이야기들이 등장한 것도 바로 그 때문이다. 이것만 받아들여도 인생 낭비를 줄일 수 있을 것이다.

무엇과 왜 사이

"엄마! 이게 뭐야?" 말문이 트인 세 살배기 아기의 물음
이다. 엄마는 기특해서 열심히 답한다. 물론 엄마의 답은
거의 '이름'일 뿐이다. 그러나 '이름'만으로도 아기는 만족
한다. 아기가 더 크면 이제 '왜'를 묻는다. "어떻게 하는 거
예요?"라고 물으면 간단히 일러줄 수도 있다. 그러나 '왜'
물음은 사뭇 다르다. 양파껍질을 벗기는 것 같다. '왜'에 대
한 대답은 또 다른 '왜'를 끌어내기 때문이다. 간단한 이유
에서 시작하여 삶의 깊이까지도 가기 때문이다. 이래서 나
이가 들어가면서 오히려 '왜'를 잊어버리게 되는지도 모
른다.

세상을 보는 숫자, 0-1-2-3

삼라만상이 무수히 다양하지만 뿌리가 있다는 생각에 1을 떠올린다. 그런 게 있을까, 있다 해도 무엇이라고 규정할 수 있을까 하는 의문에 0이 떠오른다. 1과 0이 맞선다. '존재와 무'라고도 했고 '태극과 무극'이라고도 했다. 그렇게 해서 둘이니 2가 출현한다. 그런데 0과 1이 팽팽하게 맞서는 것을 보고만 있을 수 없지 않나 하여 어떻게 해 보려는 시도가 나온다. 3이 나타난다. 동서고금을 막론하고 완전수로 옹립되는 3의 군림이다. 사실 0, 1, 2였으니 이미 3이었다. 우리가 세계와 우리 자신을 이해해보려는 몸부림이 이토록 오묘하다. 모름에서 더듬는 절묘함이다.

그만한 이유가 있다

삶을 삶이게 하는 물음은 죽음에서 온다. 죽음이 없음과 모름을 드러내기 때문이다. 죽음이 없었다면 없음도 모름도 삶에서 자리를 차지할 이유가 없기 때문이다. 결국 물음은 죽음에서 비롯된 것이다. 우리 시대에 이르러서 나온 '내던져진 실존'이라는 절규도 이를 가리킨다. 죽음의 그림자인 소외, 허무, 불안, 절망 등이 삶을 그렇게 전면에 끌어내었기 때문이다. 물음에 이미 그만한 이유가 있었다. 한편, 피하고 싶었다. 다른 한편, 묻지 않을 수 없었다.

망각이 여는 새로움

박학다식이 지혜를 주지는 않는다. 박학다식은 사실상 지식의 기억이다. 지식은 기억을 필요로 하지만 지혜는 오히려 망각에 의해 촉발되기도 한다. 알고 있는 것을 잊어버리는 것이 통찰에 도움이 된다는 것은, 뒤집어 보면, 많은 기억이 새로운 통찰에 방해가 된다는 것을 뜻한다. 무수한 기억들은 우리를 과거에 묶어 둔다. 이에 비해 망각은 미래를 향한 새로운 길을 열어준다. 그러니 모른다고 통탄해하거나 잊어버렸다고 안타까워할 것은 아니다. 지혜가 밀려드는 순간일 수도 있지 않을까!

손 놓고 잊어버리는 지혜

문제를 골몰하다가 점점 더 미궁에 빠지는 경우가 많다. 문제를 해결하려고 발버둥 칠수록 미궁의 늪으로 더 깊이 빠져든다. 왜 그럴까? 문제와 해결이 그 둘만의 관계로 엮여 있지 않기 때문이다. 하나의 문제는 온 세계와 뒤얽혀 있다. 그러기에 문제와 해법의 관계로만 한정시켜서 볼 일이 아니다. 모두 헤아릴 수 없다면, 때로는 손을 놓아야 한다. 그제야 실마리가 더 잘 보일 때도 있으니 말이다.

원하는 것이 먼저였다

먼저 원하는 것이 있었고, 그것을 정당화하는 근거를 만든다. 소망이라고 말하면 거룩하고, 욕망이라고 말하면 원색적이고, 야망이라고 말하면 야릇하게 들린다. 그러나 다 비슷한 것이 아닌가? 나중에 근거를 찾아 정당화시키지 않는가? 좋아하니 좋다고 하는 것이지, 좋아서 좋아하는 것이 아니라는 말도 좋은 증거다. 도덕이 그러하고 종교도 그러하다.

나를 숨기는 우리말의 깊이

우리 한글도 속해 있는 우랄 알타이 언어권에 주어가 희박하다고 한다. 그렇다고 주체가 없는 것은 아니다. 주체가 어떤 방식으로 있는가? 말에 꼴 잡혀 있지 않고, 겉으로 드러나 있지 않을 뿐이다. '나' 대신 '우리'라고 쓰는 것도 주어를 숨기는 것이라고 볼 수도 있다. 선택의 자유 이전에 이미 살아오고 있는 삶이 주어인 것은 아닐까? 내가 삶을 사는 것이 아니라 삶이 나를 살고 있다는 통찰이 아닐까?

개념이 잡히지 않아도 이해는 이미

개념적으로 파악되지 않았더라도 이해되지 않은 것은 아니다. 우리는 개념 없이도 이미 이해하고 있다. 무슨 말인가? 개념이 '앎'이라면, 이해는 '삶'이다. 우리는 앎이 없이도 이미 살고 있기 때문이다. 모르고 살다가도 어느 순간 힐끗 뜻이 풀어지는 것도 이런 연유다. 그래서 기다림이 미덕이 된다. 안달하지 말라는 것이다.

모호함이란 실상 풍부함이었다

한국인의 넘치는 뜻을 흐릿하다고 매도하는 서구 근대의 결벽증을 떨쳐야 한다. '풍부함'인데 왜 그것을 '모호함'이라고 읽는가? 끝을 가늠할 수 없는 '넘쳐흐름'이다. 삶의 생동성이고 그 이면이 모호함이다. 모호하지만 생동적인 것을 명백성 따위의 이념으로 난도질을 해왔으니 이것이 바로 삶에 대한 앎의 폭력이었다.

불합리의 가치

합리라는 것은 이치에도 맞고 경험으로 확인되는 원리의 속성이다. 그러나 삶은 합리로만 흘러가지 않는다. 새로움도 있고, 모름은 훨씬 더 많다. 익숙함의 눈에는 이것이 불합리로 보일 수도 있다. 그러나 불합리로 폐기한다면 우리는 모를 수밖에 없는 바깥을 내다볼 수 없다. 새로움을 억누르면 지금의 눈으로만 미래를 재단하는 편견에 빠질 수도 있다. 돌이켜보건대, 우리가 얼마나 이성적으로 추리고 판단하면서 사는가? 조금만 정직하게 본다면 합리와는 견줄 수 없는 불합리의 힘을 뿌리칠 수 없다. 불합리라고 표현하니 그렇게 보이지만 현실은 그런 알량한 이치로 다 파악되지는 않는다.

진리이기만 한 진리는 진리가 아니다

현상이라고 할 때 이는 더 이상 그림자가 아니다. 인간이 다가가서 파헤치고 분석해서야 비로소 알려지는 것이 아니다. 스스로 드러내고 나타내는 사건이다. 존재가 열리고 밝혀진다. 그래서 드러내는 것도 있지만 드러내지 못하는 것도 있다. 그래서 "진리와 비진리가 함께 간다"고도 했다. 비진리가 이토록 중요하다. 진리이기만 한 진리는 진리가 아니다.

진리에도 시간이 들어가야

　　있는 대로 알고, 아는 대로 있으면 더 바랄 것이 없는 참이다. '있음과 앎의 같음으로서의 참'이다. 그런데 과연 있는 대로 아는 것이 가능한가? 물 한 잔 마시려고 들고 있는 플라스틱 컵은 잘 보관하면 수천 년도 간다. 내 손아귀에 들어 있지만 나는 이 컵을 있는 그대로 알 길이 없다. '있음과 앎의 같음으로서의 참'은 죽음과 얽힌 삶에는 닿을 수 없다. 진리에도 시간이 들어가야 하는 이유이다.

악마가 오히려 도덕적이다

　항상 선하려고 노력하는 사람은 도덕적 거인이 아니라 그저 까다로운 사람일 수도 있다. 오히려 스스로를 억압할 수도 있다. 그런데 자기만 억누르는 것이 아니라 타인도 피곤하게 한다. 오직 도덕만을 기준으로 세우는 도덕주의는 사람을 살리기보다는 죽이는 경우가 더욱 많았다. 차라리 우리 안에 선과 악이 함께 이글거린다는 것을 정직하게 받아들이면 모든 사람을 도덕적 오만에서 구할 수 있다. 악마가 오히려 도덕적일 수 있다는 말도 여기서 나온다.

삶도, 시간도 역설

삶은 주어졌으면서 내질러나간다. 어떤 실존철학자는 '피투被投된 기투企投'라는 표현을 썼다. 던져진 채로 던진다는 것이다. 삶의 꼴이 그러하다. 시간의 흐름에 대해서도 이미 왔으면서 아직 아니라는 뜻으로 '기재既在된 도래到來'라고 했다. 과거와 미래를 절묘하게 엮어서 현재를 묘사한다. 현재는 미래와 과거가 서로 섞여 소용돌이치는 것이니 말이다. 삶도, 시간도 역설로밖에 표현할 수 없다. 진리가 비진리와 함께 가야만 하는 절박한 이유다. 모름이 가르쳐 주는 삶의 지혜다.

운명과 자유

우연이 모여 운명이 된다

　삶에서 많은 부분은 우연이다. 그런데 마냥 우연을 견디기 어려워 '우연의 일치'라는 말로 묶는다. 다음을 예상하고 싶은 것이다. 그러다 한 번이라도 더 일어나면 필연이 된다. 법칙이 등장한다. 그러나 우연들이 이어져 운명을 만든다. 모르고 살지만 그렇게 엮이니 운명이라 말한다. 명을 받든다는 의미다. 그런데 그런 우연을 자주 자유로 착각한다. 그래서 운명과 자유가 씨름하는 것처럼 보인다. 하지만 과연 그럴까?

우연이 더 넉넉하다

삶이 우연이라는 것을 받아들이면 우리를 조이던 올가미에서 벗어날 수 있다. 우연은 예측하기 어려우니 불안하고, 불안을 견디지 못해 필연을 찾지만, 거꾸로 필연이야말로 우리를 옥죄는 부자유다. 애당초 우연이 시작이었고, 해결의 길이었다. 필연으로 잇는다고 이어지지도 않는 삶이니 말이다.

과학마저도 인정하는 우연

현대 양자물리학은 이 세계에 예측 불가능한 우발적 차원이 있다는 것을 발견했다. 세계가 원인과 결과로 짜여 있지 않을 수도 있다는 것이다. 신화를 이루고 있던 우발성과 예측 불가가 과학이 되었다. 과학도 그만큼 삶에 다가가고 있다. 우연이라고 할 수밖에 없는 힘들의 작용이 넘실거리기 때문이다. 운명이라 불러도 자유가 끼어들 수 있는 틈이 생각보다 넓다. 같은 맥락에서 어떤 정신의학자는 '삶이란 어떤 것이 아니라 어떤 것에 대한 기회'라고 했다. '어떤 것'이 운명을 가리킨다면 '기회'는 자유가 될 터이다. 다 알지 못해도, 아는 것이 별로 없어도 사는 삶이다. 모르고도 사는 삶이니 말이다.

우연과 필연 사이

'인간적 원리Anthropic Principle'라는 것이 있다. 우주에서 인간이 출현할 확률이 지극히 작아서 우연이라고 할 수밖에 없다는 것이다. 그런데 돌이켜보면 그토록 미미한 확률이 하필이면 이런 모양으로 인간을 만들어냈을까 하면서 대단한 필연으로 착색하려고 한다. 자기가 살고 있다는 것이 그토록 확실하다고 생각하고 싶어서인가? 필연이란 이런 몸부림에서 나온 착각일지도 모른다.

확률의 속임수

　확률은 과거 경험에서 나온 것이지만 미래를 예측하는 좋은 도구이기도 하다. 한 지역에서 교통사고로 사망할 확률이 6%라면, 100명 중 6명이 재난을 당할 것이라는 예상이다. 그러나 당하는 사람에게는 100%이고, 당하지 않는 사람에게는 0%이다. 삶을 이루는 0과 100 사이에서 6은 우리를 속이는 앎일지도 모른다. 확률의 기만이다. 주위에서 재난이 일어났을 때 내 일이 아니라고 내뺄 일이 아니다. 운명의 힘이 이를 허락하지 않으니 말이다.

진리가 힘이 아니라 힘이 진리인 세상

　"진리가 승리한다"라는 명제는 옳아 보이기도 하고, 희
망을 주기도 한다. 하지만 그것은 패자들이 스스로를 위로
하는 자기기만일 수도 있다. "괴롭힘을 당한 사람만이 진리
를 원한다"라는 비아냥거림도 그런 뜻이다. 역사에서는 언
제나 권력자들의 이익이 진리로 둔갑해 왔다. 어리석은 인
간들은 그것이 자신의 이익인 양 동조하기도 했다. 진리는
누가 주장하는가? 가진 자들이다. 그래서 진리가 힘이 아
니라 힘이 진리라고도 한다. 힘이 진리의 주인이다. 이를
어떻게 바로 잡을 수 있을까?

신화는 세계의 주인이 아니라는 고백

신화는 인간이 세계와 삶의 주인이 아니라는 것을 에둘러 고백하는 언어이다. 아울러 인간이 살고 있는 세계는 알수 없는 신비들로 가득 차 있다는 통찰이기도 하다. 무엇의 주인이 아니라는 말인가? 이 세계의 주인이 아닐뿐더러 자기 삶의 주인도 아니라는 것이다. 물론 이런 이야기에 불편할 수도 있다. 자신을 주체로 굳건히 세우라는 자기계발론이 적지 않았으니 말이다. 그러나 그것이 우리 자신을 학대할 뿐이라는 것이 폭로된 지도 오래되었다.

주인이 아니라 하다가 노예가 되는

신화는 인간이 세계의 주인이 아니라는 고백이라 했다. 그런데 그러다가 노예로 전락해버렸다. 그 세계관에 지배를 받으니 말이다. 주인이 아닌 것과 노예가 되는 것은 엄연히 다르다. 그런데 이 둘 사이의 간격이 점점 줄어들다가 어느 순간 붙어버린다. 주인이 아니더니 그냥 노예가 되어버렸다. 더 나가서 노예의 편안함을 즐기려 한다. 종교에서, 정치에서, 여론에서, 문화에서…. 아니 일상생활 모든 곳에서!

자연이 도덕의 심판자인가

　인간이 자신의 삶을 어찌할 수 없는 운명으로 읽어내면서도 그나마 다스리는 규범을 추스르고는 둘러싼 자연을 그러한 눈으로 보았다. 말하자면 도덕의 눈으로, 사회의 눈으로 자연을 보게 되었다. 이제 자연이 선악 판단을 하게 된다. 악한 놈은 내동댕이치고, 선한 사람은 살펴주어야 한다는 것이다. 그러나 자연은 무심하다. 그런데도 포기하지 못한다. 자연에서 어떤 일이 벌어질지 견딜 수가 없기 때문이다.

신화는 없어지지 않는다

　사람들이 세계관을 만들고는 거기에 신까지 집어넣고 원하는 대로 움직여달라고 기도한다. 신화란 그런 것이다. 사람들이 신화를 통해 얻고 싶어 하는 것은 다름 아닌 안전이다. 깊은 불안에 빠져 있다는 반증이다. 신화는 불안의 산물이다. 그래서 없어지지 않는다. 삶은 불안의 연속이기 때문이다.

도덕적인 악도 제어하기 어렵다

악은 인간이 어찌할 수 없는 가장 현실적인 체험이다. 어찌할 수 없는데 삶 가운데 떡하니 똬리를 틀고 있다. 벌어지는 자연적 악뿐만 아니라, 저지르는 도덕적 악도 마찬가지다. 언뜻 도덕적인 악이라 하니 자유의지로 어찌해볼 수 있는 것처럼 보이지만 턱도 없다. 인간은 그리 도덕적이지도 않으며, 의지 또한 자유롭게 구사할 수 있지도 않기 때문이다. 게다가 현실에서는 선과 악이 뚜렷하게 구별되지도 않기 때문이다.

인간이 그렇게 자유로운가?

　　근대는 인간을 자유로운 주체로 그렸다. 도덕적 주체였고 그래서 자유의지가 중요했다. 선악을 가르고 통제할 수 있으리라고 보았다. 물론 환상이고 허상이었다. 근대 말기의 소외, 허무, 불안, 절망이라는 일련의 과정을 거치면서 그 소용돌이의 자락에서 세계대전이 터졌다. 대학살의 동조자와 소리 없는 방관자의 삶으로 내몰렸다. 인간이 이성적이지도 도덕적이지도 않다는 것이 폭로되었다. 더욱이 자유의지로 판단하고 행동하는 것이 아님을 더 이상 부정할 수 없게 되었다. '악의 평범성'이라는 세태 풀이까지 나왔다.

자유의 강박에서 벗어나려는 비非의지

　인간은 의지를 구실로 '잘난 주체'를 내세웠다. 그것도 자유의지였다. 그런데 오히려 그러한 자유에 속박되었다. 자유로워야 한다는, 독립적 주체여야 한다는 자의식을 과도하게 강조하다가 강박이 되었다. 돌파구로 '비의지적인 것'을 주목하게 되었다. 무의식도 파고들었다. 해방으로 갈 수 있는 실마리를 마련할 수 있을까, 하면서 말이다. 의지의 자유가 아니라 비非의지의 자유를 향해서 말이다.

자유하도록 강요된다

우연들이 이어져 어찌할 수 없으니 운명이라고 했다. 그런데 우연을 만나는 순간마다 내가 선택한 것으로 생각하니 자유라고 착각한다. 자유에서 한 걸음 나아가 자율이라고 한다. 이제 스스로 법칙과 규범을 세우고 이를 따른다. 그렇게 해야 주체적인 삶을 살 수 있다고 한다. '자유하도록' 저주받았다는 절규도 나왔다. 강요된 자유라고 해야 할지도 모를 일이다. 자유인가, 강요인가?

책임을 강조하다 교만에 빠진 의지

　윤리의 이름으로 인간이 책임을 지려고 한다. 언뜻 갸륵해 보이지만 현실에 부합하지도 않을뿐더러 교만한 주체만 부추길 소지가 많다. 윤리가 눈여겨보지 못한 이 문제를 이제 살필 일이다. 갸륵한 취지에도 불구하고 자유의지가 교만으로 끌고 가기 때문이다. 아울러 책임질 수 있다는 착각에 빠지게 하기 때문이다. 부담으로만 남는 착각일 뿐인데도 말이다.

자유는 나가는 것이 아니라 들어오는 것이다

흔히 자유는 자신으로부터 나와서 바깥으로 나아가는 확장적 개념으로 간주된다. 그런데 진정한 자유는 정반대로 밖으로부터 주어진다. 흔히들 말하는 자유는 갇힌 자기로부터 벗어나는 것이지만 안타깝게도 다시 자기에게로 갇히고 말기 때문이다. 이러한 자가당착이 우리 일상을 지배한다. 타자가 없는 세상이라면 나의 자유가 무한할 것 같지만 그것이 자기모순이라는 것을 역사가 증명한다. 진실로, 타자 없이 어떻게 세상을 살겠는가? 그리고 이때 자유란 도대체 무슨 의미를 지니겠는가?

자유는 동사

　자유는 '자유롭다'라는 형용사를 넘어서 '자유하다'는 '동사'다. 사람이 동사이고 삶이 동사인 것과 마찬가지다. 이제 자유는 더 이상 인간의 속성이 아니다. 요소가 아니니 소유될 수도 없다. 자유는 존재하게 하는 힘이고 사건이다. 그저 한계가 없는 상태가 아니라는 말이다. 그래서 쉽게 주어지지 않는다. 내가 하는 것이 아니다. 삶이 하는 것이다.

자유는 모름이 허락하는 삶

자유는 모름을 배제하지 않는다. 오히려 모름이야말로 진리의 본질로서 자유가 드러나고 움직일 수 있는 공간이다. 이에 반해, 모름이 없는 자유, 즉 이념적 자유는 인간을 복종하게 함으로써 결국 억압할 수밖에 없는 자유이다. 관념론자들이 읊조린 것처럼 '필연성으로서의 자유'라는 궤변이 좋은 증거이다. 물론 그러니 자유가 아니다.

같은 자극, 다른 반응 그리고 사이의 자유

현실에서 겪는 자극과 이에 대해서 하는 반응 사이에 어떤 간격이 있다. 그래서 같은 자극이라고 해도 사람마다 반응이 다르고, 한 사람에서도 수시로 달라진다. 선택의 자유가 꿈틀거릴 수 있는 공간 덕분이다. 자극과 반응이 단순히 기계처럼 작동하는 것이 아니라는 말이다. 이 공간은 그저 결과를 향해 치달아가는 기계적 작동에 저항하는 삶의 시간이다. 반응에서 치유가 일어난다면 그러한 시간과 공간의 얽힘 덕분이다. 자유 덕분이다!

원인과 결과라는 폭력

    흘러가는 삶이 원인과 결과로만 이루어지지는 않는다.
만일 그랬다면 예측불허나 우연이란 있을 수 없었을 것이
다. 인간의 자유도 끼어들 틈이 없다. 원인과 결과는 다를
수도 있는 관계를 그런 틀에 넣으려는 횡포다. 하나의 원인
에 대한 무수히 다른 결과를 설명할 길도 없다. 이 고리가
우리를 오랫동안 지배해 왔다. 이제는 좀 벗어날 때도 되었다.

자유란 자기가 명령하고 자기가 복종하는 것

굳이 말하자면 살려는 의지가 있을 뿐이다. 이러한 의지는 다양한 감정은 물론 사고까지 포함하니 지성과 감정을 아우르는 의지, 즉 삶이다. 그런데 우리 삶은 자유의지와는 사뭇 달리 명령과 복종의 역학으로 움직인다. 자기가 명령하고 자기가 복종하니 자유로 느끼는 것일 뿐이다. 게다가 만족해하면서 이를 '나'라고 한다. 자유가 자기도취로 빠져드는 이유다.

왜 자발적으로 자유를 포기할까?

자유는 목숨과도 바꾼다고 했다. 그만큼 소중하다. 그런데 그런 자유를 때로 포기하기도 한다. 심지어 그것도 자발적으로 포기한다. 자유를 자유롭게 포기한다고 해야 할까? 무슨 뜻인가? 자유는 그만큼의 대가를 요구하기 때문이다. 그래도 그 대가는 우리를 짓누르는 강박보다는 나을 것 같은데 때로 자유를 자발적으로 포기한다. 그러니 우리 삶은 기존 공식을 한 번 뒤집는 것만으로는 충분하지 않다. 삶은 그 이상으로 복잡하기 때문이다. 다 정리하면서 살아야 한다는 생각을 내려놓는 것이 현명한 듯하다.

자기중심성이란 자기에게 노예가 된다는 것

다른 사람과의 관계에서 자기가 중심이 되는 것은 본능이다. 하려고 하는 것이 아니라 이미 그렇게 된다. 그런데 돌아 살피지 않으면 자기에게 노예가 되어간다는 것을 깨닫지 못한다. 중심을 고수하면 오히려 노예가 된다. 더 내세울수록 더 오그라든다. 자기의 함정이다. 삶이 그렇게 생겨 먹었기 때문이다.

자유와 예속 사이에서

우리는 자유를 향한 격렬한 요구로 몸부림친다. 그런가 하면 예속을 사랑하기도 한다. 인간은 모순의 공간에서 갈등하는 존재다. 삶이 모순인데, 그럴 수밖에 없다. 동일성의 이념이 신화적인 위상으로까지 등극해왔던 세월이지만 이젠 그것이 굴레라는 것을 느꼈으니 벗어날 때도 되었다. 모순을 받아들이자. 예속을 사랑하는 절묘한 삶을 보라!

주인과 노예 사이에서

　주인과 노예 중에 누가 자유로운가? 노예는 주인의 명령에 복종해야 하니 자유롭지 않다. 주인은 스스로 노동하지 않고 노예가 노동한 것을 누린다. 주인은 향유하고, 노예는 노동한다. 하지만 주인은 노예를 부리면서 동시에 의존하고 있다. 노예가 없다면 주인은 스스로 즐길 수 없다. 주인도 자유롭지 않다. 결국 주인은 노예의 노예이며, 노예는 주인의 주인이다. 자유와 예속은 이렇게 뒤얽혀 있다. 이런 생리를 깨달으면 서로 풀어헤칠 길을 도모할 수도 있다. 쉽지는 않지만 꿈이라도 꿀 만하다.

뇌의 임의적 작동이 자아를 만든다

뇌과학도 폭로한다. 선택은 자유가 아니라 우연한 상황적 조건의 산물이라고 말이다. 그런데 자유인 것처럼 착각하고 이를 정당화하기까지 한다. 이때 선택에 작동한 수많은 우연을 나름대로 연결해서 필연을 끌어낸다. 이것이 바로 자아라는 것이 만들어지는 연유이다. 폭로되고서 얼마되지 않아 아직도 생소하지만 말이다.

자유를 구실로 자학하지 말자

세상에는 할 수 있는 것이 있고, 할 수 없는 것도 있다. 바꿀 수 있는 것도 있고, 바꿀 수 없는 것도 있다. 이를 구별하기가 쉽지는 않다. 그러다 보니 의지와 노력 부족을 탓하면서 할 수 없는데도 할 수 있는 것인 양 밀어붙이거나 무리하게 스스로 속박하는 경우가 많다. 자유의 이름으로 자신을 너무 학대하지 말아야 한다. 운명의 여신이 그 사이의 차이를 보여줄 수도 있을 것이다. 기다림의 미학이기도 하다.

내맡김의 자유

진리에는 감추어져 있음이 있다는 것을 놓치지 않아야
한다. 이를 무시하면 진리가 전부 드러내고 있다고 착각하
게 된다. 그러면 이것이 우리를 열어주기는커녕 오히려 속
박한다. 그래서 감추어져 있다는 것을 받아들이는 것이 마
땅하다. 내맡김이다. 이것이 오히려 자유의 길이다. 그리고
이것이 진리의 뜻이다.

진리는 소유가 아니라 추구다

　진리는 '소유'가 아니라 '추구'다. 가지고 있는 진리는 권력이 되고 폭력으로 나오는 반면, 찾아가는 과정은 자유를 주기 때문이다. 그런데 우리는 과정을 견디지 못한다. 이럴 수도 있고 저럴 수도 있으니 혼란스러워 보이기 때문이다. 또다시 다다른 진리를 그리워한다. 그리고는 이를 숭배한다. 우리가 오히려 진리에게 폭력으로 군림할 이유를 주고 있다. 그래서 추구 과정은 여전히 중요하다. 애매모호를 견디는 것이 관건이다. 바로 자유의 공간이기 때문이다. 내가 다 하려고 하지 않아도 된다.

길들여지도록 요구되었던 것

무릇 사람 구실을 하려면 도덕부터 배워야 한다고 했다. 성선설이 맞다면 굳이 필요가 없었을지도 모르나 성악설이 팽팽히 맞섰으니 도덕 교육을 접을 수는 없었다. 그러나 우리 현실에서 도덕이 차지하는 비중은 생각보다 참으로 작다. 아쉽게 느껴질 수도 있지만 오히려 홀가분할 수도 있다. 많은 경우 도덕은 우리를 억압하거나 위선으로 몰아왔으니 말이다. 아니더라도 도덕적이려고 애쓰는 삶은 싸워서 이겨야 하는 삶이었으니 말이다. 도덕마저도 강박이었다. 자유가 아니었다.

도덕은 희망일 뿐이다

　과거에는 우리가 노력하면 도덕적일 수 있다고 믿었다. 그러나 그런 낙관주의는 가진 자들의 염원이면서도 못 가진 자들을 속이는 환상이라는 것이 드러났다. 무의식과 비非의지에 주목한 우리 시대에 이르러 착한 사람이 되는 것조차 내가 어찌하기 이전이라는 주장이 힘을 얻고 있다. 도덕의 허상이 폭로되었다. 도덕은 희망일 뿐 현실이 아니다. 악해도 좋다는 것은 아니지만 선도 그리 내세울 구실이 아니다.

거친 땅이 오히려 걷기 좋다

현실에서 보기 좋게 매끄러운 것은 미끄럽다. 걷기 어렵다. 물론 거친 땅이 좋다는 것은 아니다. 다만 미끄러지지 않는 길이다. 그래서 걸어갈 수 있다. 심지어 쉬어갈 수도 있다. 거친 길에 걸음과 휴식이 있다. 갈등 역시 그렇다. 나아가는 변화의 과정이며, 머무르는 성찰의 시간이다. 거친 길에서 우리는 오히려 쉴 수 있다. 다만 그 쉼터를 차분히 찾는 것이 우리가 할 일이다.

흑백논리를 넘어서는 회색지대를 예찬함

　삶은 흑백논리로 추려지기에는 너무도 복잡하고 심지어 불순하다. 가늠할 수 없을 정도로 회색지대가 넓게 드리워져 있다. 정당하다기보다는 불가피하다. 그동안 정당하다는 것만 가치 있다는 이념이 우리를 억압했었다. 그러나 삶에는 그보다 훨씬 깊은 불가피가 깔려 있다. 회색을 회색으로, 아니 삶의 터로 받아들여야 한다. 한쪽으로 몰아야 한다는 이념이 회색지대를 잘라내려고 하지만 그리 하면 삶은 더욱 일그러질 뿐이다. 회색분자라는 표현이 이를 부추기니 안타까울 노릇이다. 의도적인 회색분자보다 비의도적인 회색지대가 훨씬 넓고 깊다. 게다가 흑백논리를 넘어설 가능성이 깔려 있을 수도 있다.

말은 하는 것이 아니라 주어진 것이다

오랫동안 우리는 우리가 하는 말이 앎이 시키는 '도구'인 줄로 착각했다. 그러나 말이란 그저 삶의 '지껄임'일 뿐이었다. 삶에서 지껄임이 말함이 되었다. 우리가 말하는 것이 아니다. 주어진 것이고 말하게 하는 것이다. 우리가 하는 말을 우리가 선택했는가를 물으면 받아들이지 않을 수 없다. 우리는 말하기 전에 먼저 듣기 때문이다. 우리가 하는 말은 들음에 대한 반응일 뿐이다. 물론 그 들음은 밖에서 들어올 수도 있고, 안에서 나올 수도 있다.

판단이나 감각보다는 필요가 우리를 움직인다

우리는 도덕적인 판단이나 반대로 이기적인 감각으로 움직이는 것이 아니다. 그보다 더 많은 경우 순간의 필요에 따라 움직인다. 판단은 우리가 하는 것처럼 보이고, 감각도 우리에게서 일어나는 데 반해 필요는 바깥에서 온다. 우리가 원하는 것 같지만 무엇인가 우리에게 원하도록 만들었을 가능성이 훨씬 더 농후하다. 우리는 우리가 생각하는 것보다 훨씬 덜 자유롭다. 운명을 주목해야 하는 이유다. 자유를 추구해야 하는 이유다.

자신마저 속이면 진짜가 된다

　'세상에서 가장 잘 속이는 사람은 자기 자신마저 속이는 사람'이라는 말이 있다. 속이고 속이다가 급기야 스스로도 속아 넘어간다. 이 정도면 경지라고 해도 좋겠다. 그런데 더 깊은 뜻이 있다. 사실 자기도 속아야만 다른 사람들을 제대로 속일 수 있다. 스스로는 다른 생각을 하면서 남을 속이려 든다면 이내 드러난다. 그러나 스스로 속은 사람에게는 우리도 속아 넘어갈 수 있다. 확신범만 그런 것이 아니다. 정치인들이나 종교인들도 그렇다. 그들만 그럴까?

말이 되지 않아 더 넉넉한 삶

우리 삶은 의식의 흐름이라기보다는 꿈틀거리는 충동의 깨진 조각들이다. 깨진 조각이라 하니 언뜻 초라하고 비참해 보인다. 그러나 견고해 보이는 주체보다 오히려 우리를 훨씬 더 편안하고 넉넉하게 해준다. 어찌해도 조각이니 부질없이 이으려고 하지 않아도 되기 때문이다. 꼭 말이 되지 않아도 되기 때문이다. 깨진 조각들이라는 운명이 자유의 품새를 넓혀주는 듯하다. 삶이 다 말이 되던가? 말이 되는 것이 얼마나 있는가? 말로 하다 보니 크게 보일 뿐이다. 그러나 삶은 말과 비교될 수 없이 크고 넓다. 그래서 때로 힘들기도 하지만 오히려 꿈틀거릴 품새가 있기도 하다.

나를 나로 아는 것이 좋은가?

인간이 자아를 인식한다는 것은 축복인가, 저주인가? 한편으로는 출중한 능력이지만 다른 한편으로는 재앙일 수도 있다. 자기 인식은 일을 이루기보다 그르치는 경우가 더 많다. 도리어 넋이 빠질 정도로 몰입할 때 최대의 성과와 최고의 희열을 체험할 수 있다. 놀이에 흠뻑 빠져 놀아야지, 놀고 있는 나를 돌아보면 그것은 놀이가 아니다. 노동이 된다. 타인의 놀이를 위한 노리개가 된다. 잘 논다는 것은 내가 놀이가 되는 것이다.

배고픈 소크라테스의 낭만?

"배부른 돼지보다 배고픈 소크라테스가 되고 싶다."

당신은 이 말에 동의하는가? '배부른 돼지'와 '배고픈 돼지', '배부른 소크라테스'와 '배고픈 소크라테스', 이 넷 중에 무엇이 되고 싶은가? 누군가는 '배부른 소크라테스'를 택할 것이나 이는 불가능하다. 자신을 묻는 사람은 어느 순간에도 멈출 수 없기 때문이다. 반대로 '돼지' 쪽으로 눈을 돌려보자. 우리 모두 '배부른 돼지'의 삶을 원할 것이다. 그러나 '배부른 돼지'를 바라는 삶은 더 많이, 더 크게, 더 높이를 바라는 탓에 도리어 더욱 '배고픈 돼지'로 살게 된다. 안타까운 일이다.

자기 기만이라는 선물

인간은 안정을 원하지만 머무르면 지루하게 느낀다. 삶에서 보면 어느 장단에 맞춰주어야 할지 갈피를 잡기 어렵다. 모순투성이라고 할 수밖에 없다. 그런데 우리는 그런대로 살아간다. 모순이라고 느끼지 않도록 학습되어 있기 때문이다. 그렇게 속도록 그리고 속아서 자유롭고 편하다고 느끼도록 길들어져 있기 때문이다. 자기 기만이 때로 보약이 되기도 한다. 위약이나 마약이 되지는 않도록 해야겠지만 말이다.

삶의 목적은 삶에 대한 모독

삶에 목적이 있는가? 목적이 없으면 도대체 인생이 무엇인가, 묻게 되니 살게 하는 힘이기도 하다. 그런데 그것이 전부는 아니다. 삶의 목적이라 하니 삶이 그 목적을 위한 수단이 되어 버린다. 수단이 되어 버린 삶은 목적에 비추어 다른 것으로 대체될 수도 있게 된다. 삶이 아닌 다른 수단 말이다. 이 길로 빠지면 자살이 떠오를 수도 있다. 삶이 수단이어서는 안 되는 이유다. 그래서 삶에 따로 목적이 있어서는 안 된다. 삶에 대한 모독이다. 삶은 그 자체가 목적이다.

만물의 영장이라는 자가당착

　인간은 스스로를 '만물의 영장'이라고 한다. 지금까지 보면 그렇게 주장할 수 있을지도 모른다. 그러나 알 수 없는 우주의 생성, 소멸은 물론, 지구 생태계의 진화만 보더라도 인간이 이 과정의 최종 결론이라고 주장할 아무런 근거가 없다. 지구에 출현했던 종들 중에 90% 이상이 사라졌다고 한다. 어림잡아 10% 정도 남아 있다. 지구가 종의 생성, 소멸을 돌리고 있으니 우리 인간이라고 피할 길이 있겠는가? 이래서 역사는 중요하다.

운명과 자유 사이를 오가는 생명과학

유전공학을 포함한 관련 연구는 우리의 생물학적 운명의 비중을 그 어느 때보다 더 크게 드러내 주는 듯하다. 언제 어떤 질병에 걸릴지, 수명은 어느 정도일지 유전자에 이미 새겨져 있다 하니 과학적 운명론이라고 해야 할지도 모를 일이다. 다른 한편, 생명과학은 크리스퍼 유전자 가위와 같은 첨단 기술로 질병과 노화를 극복하고, 죽음도 넘어설 수 있다고 기염을 토한다. 급기야 마인드 업로딩과 같은 인공지능 프로젝트를 통해 육체를 버리고 정신으로 영존하려는 소위 급진적 포스트휴먼도 추구한다. 죽어가는 운명에서 죽지 않을 자유를 향하는 듯하다. 과학도 운명과 자유 사이에서 줄 당기기를 한다. 이들 사이의 긴장이 만만치 않다는 증거다.

문명 발달의 결과가 우리 손에 달려 있지 않다

　과학이 발달하고 기술이 진보한다고 해서 인간 본성도 함께 고양되는 것은 아니었다. 그런데 이를 인정하지 못하면 그야말로 호랑이 등에 올라탄 신세가 된다. 내릴 수도 없지만 그저 달릴 수만도 없다. 주춤하다가 떨어질 수도 있다. 가공할 기술이 거꾸로 인류를 공격할 것이라고 문명 비판가들이 입을 모은다. 자기 기만이 자가당착으로 가니 사필귀정이다. 인간 행위의 결과가 인간 손에 달려 있지 않다. 그들이 틀리기를 바라지만 말이다.

행복이 목적이 되면 불행해진다

인생의 목적을 말할 때 가장 많이 떠올리는 단어가 행복이다. 그러나 행복은 목적이 되어서도 안 되고 목표이어서도 안 된다. 행복이 강박이 되면 삶은 불행해진다. 행복을 열심히 추구하는 삶이야말로 행복을 열심히 파괴하는 삶이다. 행복은 뜻하지 않게 주어지는 선물이어야 한다. 그런 선물이 없어도 그만이라는 삶이 참 행복이다.

역설적 의도에서 움직이는 자유

의도가 지나치면 낭패를 겪는다. 더 잘하려는 마음이 강박이 되어 일을 그르치기도 한다. 호흡곤란이 있는 사람이 호흡에 신경 쓰면 숨이 더욱 가빠지는 것처럼, 불면증에 시달리는 사람이 불면에 신경 쓰면 잠이 더욱 달아나는 것처럼…. 발상을 전환하자. 고통스러운 문제를 피하기보다 그것에 대들어야 한다. 숨을 바삐 쉬도록, 잠을 참아보도록 거꾸로 덤비는 것이다. 이런 것을 '역설적 의도paradoxical intention'라고 부른다. 앎의 논리로는 황당해 보이는데 삶의 생리에서는 먹힌다. 아니 극적인 효과를 본다.

끝나지 않은 과거와 지나가 버린 미래

시간은 우선 과거에서 현재를 거쳐 미래로 흐른다. 정반대로, 미래로부터 현재를 거쳐 과거로 흘러 들어가는 시간도 있다. 이런 반대 방향의 흐름이 서로 만나는 시간이 바로 현재다. 현재의 순간에 과거와 미래가 꿈틀거리니 순간은 점이면서도 입체다. 그러니 '아직 끝나지 않은 과거'가 있는가 하면, '이미 지나가 버린 미래'도 있다. 과거의 일이 현재와 미래에 의해 뜻과 역할이 뒤집히는 경우는 허다하다. 미래의 일도 과거와 현재에 의해 일어나기도 전에 사라져버리기도 한다. 시간의 요술이고 마술이다. 우리가 시간 안에서 시간을 살기보다는 시간이 우리를 산다. 우리를 만들면서도 스쳐 지나가고 있다. 그렇게 우리가 사라져 가고 있다. 순간을 즈려 밟아야 하는 이유다.

자아 실현에서 자기 초월로

삶의 목표로서 자아 실현을 말하는 사람들이 많다. 일리가 있지만 거기까지다. 그것을 평생 끌고 간다면 불행할 수밖에 없다. 삶에는 완성이 없기 때문이다. 실현이 무엇을 채우는 것이라면 얼마나 피곤한가? 때로 덜어내고 털어내는 것이 길일 수도 있다. 사수할 것이 사소한 것으로 여겨질 수 있는 넉넉한 넘어섬이 삶의 길이라는 말이다. 그래서 초월이 오히려 실현의 길이다. 실현을 목표로 하지도 말자. 그저 부수적으로 얻어지는 것일 뿐이다. 혹 얻어지지 않아도 그만이다. 그리고 이것이 진짜 초월이다. 그래서 실현이다.

벗어나는 이탈이 아니라 넘어서는 초월

삶을 너무 심각하게 여기지 않는 것이 중요하다. 그러나 말처럼 쉽지 않다. 막막한 상황에서는 여의치 않다. 그럴 때 그 자리에서 넘어서는 것이다. 수평 이동이 아니라 수직 상승이다. 조금 위에서 상황을 보게 된다. 그러면 상황은 아래에 있다. 조금 더 크게 볼 수 있다. 아까 보이지 않았던 것들이 아래에 도사리고 있음을 보게 된다. 실마리도 함께 보일 수 있다. 벗어나는 이탈이 아니라 넘어서는 초월이다. 그 자리에 있되 머무르지 않고 넘어서는 것이다. 자기를 방관하자는 역설도 이를 일컫는다. 방관한다고 다른 데로 도망치는 것은 아니니 말이다.

고통과 죽음

유익한 고통도 있기는 하지만

고통을 좋아하는 사람은 없다. 물론 자학적 성향이 예외이긴 하지만 그조차 더 큰 쾌락을 위한 수단일 수도 있다. 어떤 고통은 유익하다. 필요한 때도 있다. 손가락이 불에 데는 데 고통을 느끼지 못한다면, 화상을 피할 수 없다. 고통이 더 큰 화를 면하게 한다. 그러나 더 많은 고통은 그렇지 않다. 도대체 아무런 유익도 없고, 아무런 의미도 없는 잔인한 고통이 세상에는 너무나 많다. 욕심을 부려서 고통당한다고 하지만, 욕심부리지 않아도 당하는 고통도 부지기수다. 도대체 설명할 수 없다.

고통은 각자 다르게 겪을 수밖에 없다

고통에서 우리는 철저히 개인이 된다. 한 사람을 잃은 한 가족 안에서도 각자 겪는 고통은 다르다. 서로 돕고 위로할 수는 있어도 대신할 수는 없다. 삶이 그런 것처럼 고통 역시 그러하다. 기쁨과 즐거움은 뒤섞일 수 있는데 고통은 왜 그토록 따로 겪는 것일까? 뒤섞일 수 없을 만큼 깊기 때문은 아닐까? 삶의 심연까지 퍼져있기 때문은 아닐까? 이래서 되새겨봐야 한다.

고통에서 남과 나

남들이 고통당할 때 우리는 위로하고 동정하는 것이 마땅하다고 생각한다. 그런데 나에게 고통이 닥치게 되면 사정이 다르다. 도대체 왜 나에게 이런 고통이 닥치는가? 절규한다. 어떤 위로도 받아들일 수 없다. 위로가 위선이 되니 가증스러울 뿐이다. 고통이야말로 대체할 수 없는 자기를 드러낸다. 위로가 위선이 되지 않을 길은 없을까?

태어나면서 당하는 고통에 대한 잔인한 오해들

선천적 고통을 안고 태어나는 경우가 있다. 이럴 때면 분명 이유가 있을 것이라는 논리를 들이댄다. 동양에서는 전생의 악업^{惡業}에 대한 대가로 설명하고, 유대-기독교에서는 조상의 죄가 유전된 것으로 설명한다. 갓 태어난 아기에게조차 환생이나 연좌제를 들이대면서 기존 질서를 공고하게 한다. 권선징악의 훈계에 갓 태어난 아이도 예외는 아니다. 고통을 이렇게 오해했다. 생명을 이렇게 모독했다. 아직도 그러고 있으니 안타까울 뿐이다.

미래에 대한 환상으로 고통을 기만하기도

그런가 하면 반대도 있다. 고통이란 더 좋은 세상을 준비하는 과정이라는 것이다. 훈련이라고 하면서 고통에 채찍질을 더하기도 한다. 죽기 전에 좋은 세상 오지 않으면 내세에라도 보상받으리라는 환상을 뿌려댄다. 무책임한 약속인데 현실의 고통을 잊게 하는 마약처럼 사용해 왔다. 지금도 그렇다. 그런데 그 환상을 놓지 않으려 한다. 마약이 그러하듯이 말이다.

고통을 의미로 기만하다

어떤 현대 철학자는 '고통에 의미가 없는 것이 인류에게 내린 저주'라고 절규했다. 그래서인가 철학과 종교는 고통에 의미와 가치를 부여해왔다. 우리 삶에서 무의미한 고통이란 없는 것처럼 연출해왔다. 그 결과 무의미하게 보이는 고통은 외면당했다. 처음에는 고통에 의미를 부여하다가 나중에는 고통을 의미로 흡수해 버렸다. 고통에 의미를 부여하면서 삶은 기만당하고 말았다.

환자를 죄인으로 둔갑시키는 그리스도교

그리스도교는 인간의 고통을 '죄에 대한 벌'이라고 말한다. 환자를 죄인으로 만든다. '아픈 사람'을 '나쁜 사람'으로 만든다. 원인과 결과로 설명해야만 직성이 풀리는 순진한 합리화는 우연한 불행을 죄의 결과로 엮어낸다. 고통도 힘든데 죄에 대한 벌이라고 하니, 환자의 고통에 죄인의 벌까지 얹는다. 그리스도교는 이렇게 고통을 죄로 더럽혔다. 힘든 고통을 더 힘들게 저주했다. 자연과 삶에 대한 종교의 모독이다.

우는 자와 함께 울라

　슬퍼서, 괴로워서, 아파서 우는 사람에게 우리는 연민과 동정으로 위로하려고 한다. 물론 좋은 마음이다. 그런데 이런 위로가 고통당하는 사람에게 적지 않게 분노를 일으킨다. 현실에서 흔히 겪는 일이다. 고통을 겪으며 사는 것과 위로가 마땅하다고 아는 것이 이토록 거리가 멀다. 알고 있는 대로 삶이 흘러가지 않는 까닭이다. 인생관이나 종교적인 교리 따위는 들이대지도 말자. 우는 사람의 곁에서 무엇을 달리할 수 있겠는가? 그저 함께 우는 것밖에.

고통을 무지의 결과로 보는 불교도 기만일 수도

불가는 영속할 것이 아닌데 그런 줄로 믿는 무지와 이를 붙잡으려는 집착을 고통의 원인이라고 말한다. 고통에서 벗어나려면 무상無常하다는 것을 깨달아 집착에서 벗어나야 한다는 것이다. 그런데 집착이야말로 생명이고 삶이 아닌가? 집착이라니 버려야 할 것 같지만 태어난 생명이 살려고 하는 것은 당연한 이치 아닌가? 집착이란 내가 붙잡는 것이 아니라 생명이 벌이는 몸부림인데, 이를 떨치라고 하면 너무 가혹한 것 아닌가? 금욕을 과도하게 강조하다가 결국 인간을 억압하게 되었던 것이 그 증거가 아닌가?

없는 자기로 남을 돌보라

유마경維摩經에서는, 몸이 무상하지만 그렇다고 소홀히 해도 좋다는 것은 아니라고 한다. 영원하지 않다고 해서 함부로 대해서는 안 된다는 것이다. 무아라고 하지만 사람을 돌보라고 한다. 없어야 하는 것은 자아이지 생명이 아니니 말이다. 자기의 아픔으로 남의 아픔을 불쌍히 여기라고도 가르친다. 자기가 아파봐야 남의 아픔을 가눌 수 있다는 뜻이겠다. '상처받은 치유자'라는 체험도 이를 함께 나눈다.

고통의 이유에 대한 설명은 불가능하다

성서의 욥기는 "고통의 의미에 대해서는 아무런 설명도 얻지 못했다"고 고백한다. 고통의 이유를 추리려다가 정죄하거나 위로하면서 기만하는 오류에 빠졌었다. 차라리 설명이 불가하다는 것이 고통에 대한 정직한 대답이다. 삶에 대해 삶 이외에 달리 이유가 없듯이, 고통도 달리 이유를 풀어낼 수 없기 때문이다. 설명이 불가하다는 것을 받아들이는 것이 오히려 도덕적 세계관의 억압으로부터 해방되는 길을 열어준다. 세계는 전혀 그렇게 굴러가지도 않는데 붙잡고 있는 허상 말이다.

그래서 고통은 신비라 하니

고통은 도대체 왜 일어나는가? 무수히 물었다. 이유를 물으니 '원인'을 말하기도 하고 '목적'을 떠올리기도 했다. 그러나 마땅한 대답을 얻지 못했다. 그래서 '신비神秘'라고도 했다. '신의 비밀'이라니 알 수 없다는 고백이다. 때로 '무의미'하다고도 했다. 고통에 의미를 덧씌우는 것은 고통받는 사람을 모독하는 것이라는 통찰이다. 결국 '왜?'라는 물음이 고통에는 마땅치 않다는 깨달음이다. 삶을 다 알 수 없는데, 가장 큰 문제인 고통에 대한 대답은 애초에 불가능할 수밖에 없었으니 말이다.

고통에서 연대를 위한 공동체적 이기주의

고통에 이유를 덧씌우는 것은 고통당하는 사람에 대한 모독이라고 했다. 우리가 할 수 있는 것은 무엇인가? 더불어 얽히는 것이다. 그런데 연대는 저절로 이루어지지 않는다. 인간의 원초적인 이기심을 일단 인정해야 한다. 여기서 오히려 연대의 길이 열리기 때문이다. 각자의 이기심을 함께 채워갈 길을 더듬으면 고통에 대한 대책도 도모할 수 있다. 이기주의와 공동체주의를 엮는 것이다. '공동적 이기주의'다. 대조적으로 보이지만 현실에서는 역설적으로 얽힌다. 국가나 사회의 존재 이유를 실현할 수 있는 길이기도 하다.

자발적인 고행은 고통받는 사람에 대한 모독

때로 고통을 무조건 참아내려는 사람들이 있다. 영웅을 꿈꾸는 듯이 보이지만 사실 자기 학대일 뿐이다. 수도원에서는 이런 일들이 적지 않다. 자발적인 고행으로 수도의 길에 정진하고자 했으니 말이다. 그러나 자발적 고행은 사치다. 불가피한 고통을 당하는 사람에 대한 모독이다. 그럴 힘이 있으면 차라리 고통당하는 사람을 도울 일이다.

당하면서 소리도 낼 수 없는 어린이

세상에 억압받고 고통당하는 수많은 사람이 있다. 우리 시대로 오면서 해방을 향한 아우성이 봇물처럼 터져 나왔다. 가진 자의 착취에 대한 못 가진 자의 저항에서 시작했다. 노동자와 민중 해방운동이 이어졌다. 노예해방과 인종 차별에 항거하는 운동도 나왔다. 성차별에 대한 반동으로 여성해방 운동은 상당한 사회적 결실을 이루어가고 있다. 그러나 고통당하면서도 스스로 해방 운동을 할 수 없는 이들이 있으니 바로 어린이다. 소리 없는 절규에 갇혀 있다. 대신 목소리를 내줘야 한다. 그리고는 뛰쳐나가야 한다. 외면한다면 인간적인 직무 유기이다.

고통을 미화하는 것이 무조건 좋은 일은 아닌 듯하다

고통은 지나고 나면 견딜만했던 기억으로, 심지어 아름다운 추억으로 새겨지곤 한다. 뜻이 없지는 않다. 그러나 고통을 미화하면서 우리는 고통을 준 사람이나 체제의 책임까지 함께 잊어버린다. 권력자들의 현상 유지에 길을 열어주면서 말이다. 전혀 의도하지 않은 이런 결과가 고통을 반복적으로 재생산하게 하는 원인이 될 수도 있다. 그저 미화할 일이 아니다. 내 마음 편하려고 미화한 고통이 나를 찌르는 칼로 되돌아올 수 있다.

삶에 대한 몸부림이 논문으로까지 오다 보니

본디 삶이었다. 뭘 하지 않아도 삶은 이미 살고 있었다. 그런데 문제들을 겪었다. 수많은 고통이 죽음에까지 이르렀다. 몸부림치기 시작했다. 모여서 질러댔다. 혼자 치던 몸부림이 함께 추는 춤이 되었다. 소리도 다양하고 색깔도 요란했다. 음악과 미술이 나왔다. 한가한 예술이 아니라 몸부림에서 나온 춤과 함께 한 가닥들이었다. 말을 하게 되면서 이야기가 엮어졌다. 신화나 민담으로 전해졌다. 좀 더 깔끔하게 글로 정리해야 할 필요 때문에 학문이 나왔다. 삶이 앎이 되었다. 그러면서 삶을 잃어버렸다. 고통과 죽음도 거리를 두고 논해야만 했다. 빈틈없는 논문에 사람도 삶도 들어가기 어려웠다. 앞선 이야기에는 넉넉한 공간이 널려 있었으니 나도 들어가고 너도 들어갔었다. 고통도 나누고 죽음에도 다가갔었다. 삶 냄새가 남아 있었기 때문이다. 이제 고통은 거슬러 이야기로, 예술로, 춤으로, 결국 몸부림으로 가면서 나누어야 한다.

겪으면서 견디고 견디면서 겪는 것

고통을 겪었던 삶이 창조적으로 승화된다고 해서 고통
과 슬픔을 부정할 수는 없다. 그렇게 되면 기만일 수밖에
없고, 결국 창조는 파괴로 드러나고 말 것이다. 슬픔은 싸
안고 가는 것이다. 다만 겪으면서 견디고, 견디면서 겪는
것이다. 앞으로 보면 막막하지만 삶은 무엇인가를 한다. 그
것이 삶이다. 내가 사는 삶이 아니라 나를 살아가는 삶이
그렇게 한다.

악을 더듬어 온 역사의 굴곡

한때는 악을 선의 결핍으로 보기도 했다. 또 한때는 악을 선을 이루는 과정으로 보기도 했다. 온전한 선이 점차 파괴된다고 하니 비관이 되었고, 점차로 선을 이루어갈 것이라 하니 낙관이 되었다. 그러나 모두 현실과는 동떨어진 관점이었다. 삶에서 선과 악이 그렇게 분명하게 갈라지던가? 한 방향으로만 가던가? 오늘날 악은 선과 뒤죽박죽이다. 상황에 따라 판단도 흔들리니 간단치 않다. 독선에 빠지지 않게 하는 경계 장치로서의 뜻을 지니기도 한다. 그런가 하면, 이를 틈 타서 자기 정당화의 논리가 난무하는 듯도 하다.

벌어지는 악 아래에 저지르는 악

바이러스의 출현은 우연히 일어나는 자연적인 악일 수도 있다. 그러나 그런 미생물의 위협이 점차 늘어날 것이라는 예상은 자연적인 악을 우연으로 여길 수 없게 한다. 더 깊은 뿌리에 깔린 윤리의 문제를 외면할 수 없다. 더 깊은 곳에 인간의 생태 파괴라는 도덕적인 악이 드리워 있을 수 있기 때문이다. 인간이 인정하고 개선하지 않으면 '종의 기원'이 출현한 지 몇 세기도 되지 않아 '종의 종말'을 맞이하게 될지도 모른다.

무너질 것 같은 삶에
오히려 적당한 무게의 돌을 얹으면

틈이 벌어져 무너져 내릴 것 같은 둥근 아치 어딘가에
무거운 돌을 얹어둔다. 느슨해졌던 구조에 아귀가 맞물리
면서 더 튼튼해진다. 돌 한 덩어리의 무게가 도리어 아치를
살린다. 우리 삶도 마찬가지다. 무너질 것 같은 삶을 짓누
르는 고통이 마치 돌덩이처럼 내 삶을 살리는 경우도 있다.
견디다 보면 견고해지는 삶의 이치다. 다만 그 돌덩이를 어
디에 얹는가가 중요하다. 그 위치를 찾아보자.

실패가 성공이다, 거기서 성취했기 때문이다

자살하려다가 실패한 사람들은 그 실패에 기뻐한다. 실패에 기뻐하다니 무슨 말인가? 그는 실패에서 앞서 생각했던 자살의 이유를 넘어설 수 있었기 때문이다. 쉽지 않지만 그렇다. 자살하려던 이유의 극단을 통과하고도 실패 덕분에 살아남았는데 실패 직전의 극단은 그의 몸에서, 그의 삶에 그 목적을 이루어주었기 때문이다. 그것이 몸이고, 삶이다. 죽음이 도와주기도 하는 삶이다.

실패는 실수일 수도

"인간의 가치는 그가 거둔 성공보다는 그가 어떤 방식으로 실패를 받아들이느냐에 따라 측정되어야 한다."

일리가 있는 말이다. 어려울 때 본성이 드러난다는 말과도 비슷한 맥락이다. 우리 삶은 수많은 실패와 잠깐의 성공 사이를 오가고 있으니 말이다. 실패는 그 자체로는 끝인 것 같지만 꼭 그렇지만은 않다. 이어지는 삶에서는 고쳐 잡고 새로운 창조를 일으키는 계기인 실수일 수도 있다. 실패가 실수로 드러날 때까지 조금 더 기다릴 이유다.

없음이 있을 뿐 아니라 무엇을 한다

상실이 창조로 이어진다. 없어짐 또는 잃어버림은 마땅
히 있어야 할 것을 다시 찾으려는 절실함을 주기 때문이다.
그러나 모든 상실이 창조로 이어지지는 않는다. 그 사이에
도 거리가 있다. 자극과 반응 사이에 기계적인 반응만이 아
니라 자유가 끼어들 공간이 있는 것처럼…. 그 공간에 무엇
이 있을까? 잃어버렸다는 것이 그만큼 무언가를 한다. 없
어졌는데 그 없음이 무엇을 한다. 만일 그 없음이 없다면
창조성으로 갈 수 없었을 것이다. 없음이 있을 뿐 아니라
무엇을 한다. 있음이 전부가 아니라는 것을 없음이 가르쳐
주니 말이다.

분노는 터지기 전에 터뜨려야

분노해야 할 것에 대해서는 마땅히 분노해야 한다. 분노는 그 대상이나 주제가 무엇이든 분출되어야만 한다. 억압된 분노야말로 종국에 모든 것을 파괴하는 폭탄이 되기 때문이다. 터지기 전에 터뜨려야 한다. 그래야 함께 살아갈수 있다. 분노를 다스리는 것만이 미덕은 아니다. 무조건적인 인내는 가진 자들이 자기 보존을 위해 고안한 정치적 장치일 뿐이다.

그래서 거룩한 분노!

그래서 '거룩한 분노'라는 것이 있다. 분노가 거룩함과 함께 간다. '정의로운 전쟁'과도 비슷하다. 왜 그러지 말아야 하는가? 누구를 위해서, 무엇 때문에? 목적이 수단을 정당화한다고 말하는 것은 아니지만 그러지 못할 이유도 없다. 더 이상 기만당하지 말아야 한다.

동정이나 용서가 사랑이기 어려운 이유

어려운 상황에 처한 사람들을 보면 도와주고 싶어 한다. 자선과 동정의 손길이다. 받는 사람은 도움을 받으니 그저 감사할 따름이다. 베푸는 쪽도 만족감을 얻는다. 그러나 상대적 박탈감이 있다면 상대적 우월감이 왜 없겠는가? 이를 벗어나기 어렵다. 잘못한 사람을 용서할 때에도 비슷하다. 우월감의 만족이다. 이것이 때로 용서받는 자를 오히려 분노하게 한다. 그래서 동정이나 용서에 앞서 그가 겪는 고뇌와 죄책감에 함께하는 것이 더 중요하다.

사랑에서도 폭군이 될 수 있다

자선이나 동정, 연민이 사랑인가? 좋아 보이지만 많은 경우 일방적으로 베푸는 관계에서 일어난다. 그럴듯한 명분으로 군림한다. 사랑을 명분으로 하지만 적지 않은 경우 폭력적으로 자행되기도 한다. 심지어 인간은 자기에게도 폭력적일 수 있다. 이때도 자기 사랑이 명분이다.

없음에 둘러싸인 가련한 있음

우리는 애초에 없음이었다. 그래서 있음은 당연하지 않다. 없어도 그만이다. 우리가 없어도 지구는 자전하고 공전한다. 그렇다면 세상은 어떤가? 태양도 소멸할 수 있다는데 세상이라고 영속할 수는 없다. 이런 세상에 사는 우리의 있음은 없었던 적이 있었고, 또 언젠가는 없어지기도 할 그런 있음이다. 우리의 있음은 앞과 뒤로 '없음'에 둘러싸여 있다. 없어질 가능성의 한가운데 있는 '가련한 있음'이다. 도무지 없음으로부터 도망칠 수가 없다. 그런데 우리는 없음을 모른 체한다. 애당초 없음이었는데도 말이다.

'왜 없어지는가?'에서 '왜 없지 않고 있는가?'로

그래서 사람들은 물었다. "도대체 왜 없어지는가?" 무한에 대한 동경과 함께 인간의 정신 활동은 시작되었다. 그러나 어떤 대답도 구할 수 없었다. 그래서 뒤집어 물었다. "도대체 왜 없지 않고, 있는가?" 앞의 물음과 뒤의 물음은 사뭇 다르다. 앞의 것은 있는 것, 즉 '존재'가 당연한 데 없어지니 유감스럽다는 것이다. 그러나 뒤의 물음은 '존재'가 그저 있는 것이 아니라 없지 않고 있는 '사건'이라는 점에 주목하는 것이다. 그래서 명사가 아니라 동사이다.

포유동물인 동료 인간에서
죽음을 지긋이 바라보아야

사람들과 만나 대화할 때 우리는 침묵을 꺼린다. 상황에 따라 필요하기도 하고, 때로 깊은 뜻을 지니기도 하는데도 말이다. 그러나 열심히 지껄이든, 조용히 침묵하든 그를 물끄러미 바라보라. 앞에 앉아 있는 포유동물 안에 언젠가 오게 될 죽음의 그림을 지긋이 그려보라. 연민을 가지지 않을 수 없다. 그런 나 역시 마찬가지이니 스스로도 보듬을 일이다.

죽음 자체보다 죽음을 당하는 과정이 더욱 두렵다

죽음 자체는 피할 수 없다. 하지만 죽어가는 것이 어떠한지 모를뿐더러 안다 해도 두렵기는 매한가지다. 아니 죽음 자체보다는 이에 대한 두려움을 두려워한다. 두려워하는 대상은 두려움 자체일 가능성이 많다. 죽음은 내가 바라는 방식으로 찾아오지 않을 수 있기 때문이다. 죽음의 물음에서 중요한 것은 '무엇'인지, '왜' 일어나는지보다는 '어떻게', '언제', '어디서' 죽는가이다. 삶의 시간과 공간이 중요한 이유이기도 하다.

인간의 죽음이 아니라 나의 죽음

죽음을 늘 끼고 사는 호스피스 관리자나 장례지도사들조차도 마치 자신은 죽지 않을 것처럼 죽어감과 주검을 대한다고 한다. 의사들도 마찬가지일 터이다. 그래야 그런 일을 할 수 있기 때문이란다. 그런데 이면에 자기 기만이 도사리고 있을 수도 있다. 마치 서로 공모라도 하듯이 암묵적으로 행하고 있는 부정 말이다. 그래서 '인간의 죽음'이 아니라 '나의 죽음'으로 들어가 봐야 한다. 물론 죽음을 놓고 골몰하자는 것은 결코 아니다. 다만 앞당겨 살펴둔다면 이후의 삶은 오히려 덤으로 사는 여유를 누리게 된다는 오묘한 역설이다.

능력과 무능 사이에서

사실상 지구상에서 살아가는 것 중에서 그 존재를 이루고 있는 요소들 사이의 거리가 인간만큼 큰 것도 없다. 인간은 새들보다 더 높이 날 수 있고, 우주 공간을 향해 로켓도 쏘아 올리며, 바다의 고래보다도 더 깊은 곳에 잠수할 수도 있다. 그런데 그런 인간이 눈에 보이지도 않는 바이러스나 세균과 같은 미물로 인하여 여지없이 무너지기도 한다. 우리 인간은 이처럼 극대를 이루는 능력과 극소에도 침몰하는 무능 사이를 오가기 때문에 더욱 몸부림치는 것 같다. 우리에게 죽음이 더욱 큰 과제로 다가오는 이유다.

죽음의 단계를 거치는 것조차도 축복일 수 있다

죽음을 맞이하는 과정은 여러 단계를 거친다. 임종 전문가마다 조금씩 다르게 말하지만, 대체로 부정-분노-타협-연민-푸념-인정이라는 과정으로 오르내리는 변화를 겪는다는 점에서는 공통적이다. 처음이 부정이라면 마지막은 인정이다. 처음과 끝이 정반대이다. 그러나 죽어가는 사람들이 모두 이 과정을 거쳐 가는 것은 아니다. 분노에서 끝날 수도 있고, 푸념에서 멈출 수도 있다. 이 단계를 모두 거쳐 가는 것도 축복이다. 죽음을 미리 준비해야 하는 이유다.

다른 사람의 예상과 나의 희망 사이에서
죽음이 일어난다

나는 모든 이들이 생각하는 것보다 더 늦게 죽을지 모른다. 그러나 내가 바라는 것보다는 언제나 일찍 죽는다. 죽음을 바라보는 극명한 대비다. 다른 사람들은 어느 시점을 예상하지만 나는 그 시점이 유보되기를 원한다. 죽음은 이 둘 사이의 사건이다. 이 거리도 미리 염두에 두어야 한다.

'죽음을 기억하라'라는 말의 현실적인 뜻

서른부터 심장의 힘이 점점 약해지고, 마흔부터는 근육이 탄력성을 잃는다. 그렇게도 체력이 강건하고 정력이 왕성하다고 느껴지던 젊은 시절부터 이미 몸은 죽음을 준비해오고 있었다. 흔히 회자되는 '죽음을 기억하라'라는 말이 저절로 이해되게 하는 대목이다. 미래의 죽음을 과거의 사건처럼 기억하라는 말이 이상하게 들렸었는데, 그저 미래의 일만이 아니었으니 말이다. 우리는 이미 죽음을 죽으면서 죽음을 살아오고 있었다. 기억해야 할 절실한 이유다.

죽음이 가르쳐주는 것

임종을 앞둔 사람들의 가장 큰 미련은 더 많이 사랑하지 못했다는 것이다. 해야 할 것으로 남아 있는 것도 사랑이고, 할 수 있는 것으로 남아 있지 않은 것도 사랑이다. 다른 것은 필요 없다. 실수는 더 해도 좋았을 것이라면서 그제야 자신을 놓아준다. 안타깝다. 그럴 것이면 미리 놓아주자. 이제부터라도 실수도 그저 넉넉하게 받아들이자. 실수도 미룰 일이 아니다.

세포가 가르쳐 주는 삶의 지혜

몸을 이루는 모든 세포는 태어나고 활동하다 소멸하기를 계속한다. 피부뿐 아니라 장기와 뼈도 세포로 이루어졌으니 서로 다른 단계의 세포들이 얽혀 생성-소멸을 지속하는 셈이다. 모든 세포가 완전히 바뀌는 데 7년이 걸린다고 하니 7년 전의 나는 이미 죽었다. 우리는 계속해서 죽으면서 살아간다. 심지어 잘 죽어야 잘 산다. 늦게 죽는 세포로 노화가 일어나고 죽지 않는 세포로 변형이 일어난다. 잘 죽어야 잘 산다는 것은 몸이 가르쳐주는 지혜다.

살아남은 자의 슬픔

한 사람의 죽음도 사람마다 다르게 체험된다. 살아남은 자의 고통은 비단 그만의 것이 아니다. 다른 사람들도 고통을 겪는다. 이런 고통을 함께 나누면서 서로에게 위로가 되기도 한다. 언젠가는 사라질 고통이라는 것도 안다. 그렇다고 확연히 갈라낼 수도 없다. 결국 남은 자들은 슬픔과 함께 사는 법을 배운다. 빈자리가 익숙해진다. 죽음에는 여전히 슬퍼하지만 다른 것에는 기뻐하기도 한다. 이미 죽은 자로서는 섭섭하겠지만 그도 그런 삶을 살았었다. 나의 죽음에 슬픔만을 강요하지 말라!

슬프니 울지만 울음이 슬픔을 다독여준다

슬퍼서 울음이 터져 나올 때, 우리는 억지로 참는다. 안타까운 일이다. 앎이 삶을 억누르는 전형적인 증거이다. 이걸 깨야 한다. 울음이 터져 나올 때 목 놓아 울자. 슬픔에 울음이 터져 나오지만 울음은 슬픔을 다독여주기도 한다. 울음이 주는 선물이다. 왜 그런 선물을 마다해야 하는가?

슬프면서 행복할 수도

슬프면서도 행복할 수 있다. 행복이 기쁨과 즐거움으로만 이루어져 있는가? 그렇다면 행복한 순간은 찰나에 불과할 것이다. 그보다 더 길게 수고와 고난이 드리워져 있다. 기쁨과 슬픔, 행복과 불행은 서로의 끝을 붙잡고 있는 것이 아니다. 슬픔 속에 기쁨이 있고, 불행 속에 행복이 있다. 앎에서는 갸우뚱하겠지만 삶은 이미 그렇다. 삶을 조금 더 진솔하게 보면 된다.

나의 죽음이 내 삶의 길

오래전 동생을 보내고 고통을 이기지 못해 실어증에 걸리기도 했었다. 그나마 위로가 된 것은 나 또한 죽는다는 사실이었다. 턱도 없는 가정이지만 만일 내가 영원히 산다면 그 고통을 견딜 수 없었을 것이다. 우리 모두 죽게 될 것이라는 점은 먼저 떠난 사람들에 대한 슬픔을 가누게 해준다. 그래서 나의 죽음이 오히려 내 삶의 길이 된다. 죽음이 주는 선물이다.

죽음에 대한 우리의 태만과 오만을 벗어나서

죽음을 앞당겨 생각하자는 것이 죽음에 골몰하자는 것은 아니다. 오히려 죽음을 '생각 속에만 머물게 해온 태만'과 '나에게는 해당하지 않을 것이라는 오만'으로 이루어진 그동안의 착각에서 깨어나게 해줄 것을 기대하면서다. 본디 '생명'이라는 것이 '태어난 목숨'이기도 하지만 '살라는 명령'이기도 하다. 삶이 명령받은 것이라면 죽음도 역시 마찬가지이다.

죽음은 유한한 초월이다

죽음은 한계 중의 한계이다. 늘 더 멀리 밀어내고 싶은 한계이다. 그러나 문득 한계라는 것에 주목하면 새삼스러워진다. 새삼스러워질 때 한계 저편으로 내뻗는 몸부림이 일어난다. 초월이다. 유한하지만 그것이 전부가 아니라는 것을 보게 해준다. 사수했던 것이 사소하게 보인다. 죽음이 인간을 유한하게 하면서 동시에 그런 이유로 초월하게 한다. 그래서 '유한한 초월'이다. 죽음이 반대를 하나로 엮어낸다. 이미 삶과 그렇게 얽혀왔었기 때문이다.

그래서 사랑

우리가 몸을 가지고 있는 것이 아니라 우리가 바로 몸이라고 했다. 몸이 우리를 만들고 살게 하니 말이다. 마음이 이끄는 대로 산다고들 하지만 실상은 몸이 삶을 산다. 마음먹은 대로만 살 수 없는 까닭이다. 그런데 몸이 살게 하는 삶은 바로 그 삶을 위해 세상을 알려고 한다. 그러나 다 알지는 못한다. 사실 알 수 있는 것이 그리 크지도 않다. 삶과 앎 사이의 막막한 거리에서 모름을 피할 길 없다. 모름이 묻게 하니 삶이 묻는다.

몰라 묻게 하는 삶의 소용돌이가 우리의 운명이다. 그래서 우리는 자유를 갈망하고, 자유와 운명 사이에서 몸부림친다. 이 모두는 결국 우리 몸이, 우리 삶이 씨름해야 하는 고통과 죽음의 문제 때문이었다. 피할 수 없는데 뾰족한 길도 없다. 골방에 틀어박혀 신음하면서도 드러내놓을 수조차 없었다. 나누면서 더듬어볼 만도 하지만 실마리조차 보이지 않았다. 저마다 발버둥 칠뿐이었다.

뜻밖의 고통에서는 누구나 벗어나려고 몸부림치게 마련이다. 결국 죽을 수밖에 없다 하더라도 조금이라도 더 살아보려고 안간힘을 쓸 뿐이다. 그러나 그 모든 것이 부질없을 때, 어찌할 도리가 없을 때, 우리에게는 과연 무엇이 남는가? 막다른 한계 앞에서 무력한 나를 만날 때, 마지막 남은 몸부림이 있다면 그건 무엇일까? 마지막으로 기대고 기다릴 수 있는 것은 무엇일까?

그래, 사랑이다! 사랑은 어찌할 길 없을 때, 남아 있는 마지막 힘이고, 숨이며, 꿈이다. 길이 없다는 핑계로 내던지는 손쉬운 처방전이 아니다. 허투루 들린다면, 아무것도 할 수 없는, 그저 겪고 당할 수밖에 없는 그 깊은 한숨과 절망을 보라. 여기서 사랑이 달콤할 수는 없다. 헤쳐나갈 수 없기에 허우적대면서도 고통과 죽음까지 겪어가는 사랑이다. 결코 가볍지 않다. 아플 수밖에 없고 슬플 수밖에 없다. 그래서 사랑이다.

이런 사랑은 붙잡는 사랑이 아니다. 삶에만 머문 사랑은 붙잡으려고 한다. 너를 사랑한다고 하지만 나를 사랑했던 것이고, 때로 사랑의 유희에 취했던 것이니 말이다. 사랑이라는 이름으로 내 욕망을 그럴듯하게 포장했을 뿐이었다. 그렇게 붙잡는 사랑은 자기 사랑을 한 발자국도 넘지 못한다. 삶만 붙잡다 보니, 사람이 아니라 사랑을 사랑한다. 그러나 고통과 죽음은 놓아주는 사랑을 가르친다. 한계이지만 바로 그러하기에 넘어서게도 한다. '나'라는 경계가 그리 대단하게 지키고 있을 것이 아님을 깨닫게 해준다. 죽음이 코앞인데 무엇을 움켜쥔단 말인가? 그래서 초월이다. 초월이라 하지만 낭만적일 수는 없다. 그래도 우리에게 뜻을 남긴다.

놓아주는 사랑이니 비로소 '사람'이 보인다. 내 시선으로 사로잡은 네가 아니라 낯설게 다가오는 너이다. 그래서 사랑은 선물이 된다. 붙잡는 사랑에는 이유가 있다. 하지만 놓아주는 사랑에는 이유가 없다. 네가 다만 너이기에, 나도 다만 나이기에 서로를 놓아주며 기댈 수 있었고, 함께 걸을 수 있었다. 더불어 살아가면서 함께 보듬어가는 길이다.

그러니 이제 조금은 놓아주자. 나를 놓아주고, 너를 놓아주자. 악착같은 계산도 그만두자. 삶이 나를 살고 있으니 삶의 흐름에 맡기자. 그제야 우리는 스스로를 짓눌렀던 강박으로부터 한결 자유로운 삶이 되리라. 선물 같은 사랑이 찾아오고, 그 사랑이 또 우리를 살게 할 것이다. 놓아주는 사랑이 어려워 보인다면 연민이 시작하는 길일 수도 있다. 우리 모두 그렇게 왔다가 갈 삶인데 어찌 서로 연민이 없을 수 있겠는가? 몸이 그렇게 우리에게 일깨워주지만 그렇다고 다 아는 것도 아니니 모른 채로 살아오는 삶을 함께 사는 동지들이기 때문이다. 어디까지 운명이고, 어디서부터 자유의 몸짓을 내뻗어 볼 수 있을지 알 수 없지만 함께 부여잡고 간다면 그래도 살만하지는 않을까?

* * * * *

이 대목에서 감히 고백하건대, 이렇게 쓰고 묶은 이유를 덧붙이고 싶다. 살아온 세월을 좀 돌이켜봐야 할 것 같다. 나는 박정희의 유신 시절이 절정에 달하던 때에 대학을 다녔다. 살벌하면서도 낭만적이었던 때라는 기억이 남아있지만 하여튼 몰래 사회의식에 대한 공부도 하고, 시위에 나가서는 돌도 던졌다. 닭장차에 실려 가서 사정없이 얻어맞기도 했지만 '단순가담'이라 하여 며칠 만에 풀려나기도 했다. 이때만 해도 패기만만하게 사회정의에 대한 열정으로 수많은 날밤을 지새우던 시절이었다.

졸업 후 미국으로 가서 대학원 철학과에서 석사과정을 시작했다. 그러던 중 두 살 아래 동생이 교통사고로 갑자기 세상을 떠났다. 지금으로부터 거의 40년 전의 일이다. 형제 사이가 각양각색이지만 나에게는 꽤 가까웠던 동생이었는데 충격이 매우 컸다. 부모님은 말할 것도 없고, 우리 가정은 일순간에 비통의 도가니가 되었다. 나는 학업을 중단하고 방황과 절규의 시간을 보냈다. 고통과 죽음이라는 문제가 나에게 들이닥쳤다. 이전까지만 해도 나는 학문적으로나 현실적으로 사회적 관심을 더 많이 하고 있었는데 한순간에 모든 것이 무너지는 듯 뒤틀렸다. 한 사람이 곁에 있는 것으로 살아오던 온몸의 세포가 그가 없는 상황에 다시 맞추려는 듯이 소용돌이쳤다. 내가 어찌해 볼 수 있는 것이 아니었다. 자식을 먼저 보내니 가슴에 묻어야 했던 나의 부모님을 내가 헤아릴 수도 없었다.

그러나 죽음과 고통만이 전부가 아니었다. 상상도 하지 않았던 일이 순식간에 벌어지는 삶이라는 사실이 너무도 엄청난 무게로 남은 삶을 깔아뭉개는 듯했다. 물론 모르지는 않았지만 생각도 하지 않던 것이었다. 이후 상상하기도 싫은, 아니 상상조차도 하지 못하는 일이 얼마든지 우리 삶에서 일어날 수 있다는 것에 몸서리치게 되었다. 우리가 과연 무엇을 얼마나 알면서 살고 있는가, 아니 모르고 사는데 도대체 무엇을 얼마나 모르고 사는지를 모른다는 것을 홀연히 느끼게 되었다. 모름이 첩첩산중이다.

이때부터 이것과의 씨름이 시작되었다. 이전에 지니고 있었던 사회에 대한 관심이 —미안하지만— 한가로운 사치처럼 느껴졌다. 죽음 이전의 문제이니 말이다. 결국 나에게서는 불가피하게도 일대 전환의 계기가 되었다. 그래서 비교적 젊은 나이에 죽음과 고통이 나를 집중시키는 과제가 되었다. 그러니 자연스럽게 인간의 운명으로 관심을 넓혀가면서 이와 밀고 당기는 자유를 중요한 주제로 삼게 되었다. 석·박사 학위논문 제목에 '자유'라는 말이 집요하게 자리를 잡게 된 것에 이런 연유도 한몫했었을 것이다.

그런데 운명과 자유의 긴장이라는 것은 문제를 풀어주기보다는 더욱 복잡하게 하는 것 같았다. 그래서 한꺼풀 더 벗기면 어떨까 하는 생각으로 결국 삶의 얼개인 앎과 모름으로 파고 들어갔다. 그런데 참으로 오묘했다. 앎은 모름을 줄이는 것이 당연한 목표일 텐데, 앎이 늘어나면 모름이 더 커지고 더 깊어진다는 것 말이다. 지금은 당연하다고, 아니 불가피하다고 받아들이지만 그것이 죽음과 얽힌 삶이라는 고리 때문이라는 것을 깨닫게 된 것은 나중이었다. 죽음에서 시작된 성찰이 꼬리를 물어가더라도 그 뿌리를 이렇게 연결하는 것은 그냥 주어지는 것은 아니었던 모양이다. 그러한 고리를 이어 거슬러가니 결국 던져진 몸의 꼴에서부터 비롯된 것이라는 데에 이르게 되었다. 그래서 우리 이야기를 몸에서 시작하게 되었다.

동생의 죽음은 없음이고, 모름이었다. 개인적으로는 부모님도 모두 보내드렸으니 이제는 고아가 되었다. 그러나 그렇게 없을뿐더러 모르는 채로 내 곁에서 나와 함께 지내왔다. 없음이 엄연히 있고, 모름이 홀연히 있다. 결코 없앨 수 없는 없음이요, 잊을 수 없는 모름이다. 그렇게 없음으로, 모름으로 나와 함께 하는 삶이다. 그런 없음과 모름을 부여잡는 사랑이다. 우리 옆에 있고, 또 그렇게 알고 있는 것만 아니라 이미 없어진 것 그리고 이제 없어질 것도 그렇게 사랑할 수 있다면 그것이 바로 사랑의 위대함이지 않을까? 우리가 사는 세상에 그렇게 아프고 그토록 슬픈 사랑이 얼마나 많은가? 지금도 일어나고 있는 크고 작은 사고로 인한 비극은 말할 것도 없지만, 평온한 자연적 소멸이라고 해도 아픔과 슬픔이 작을 수 없다. 이제 그렇게 없음과 모름으로 우리 곁에 와 있는 무수한 죽음들에 아파하며 살아가는 사람들과 함께 그런 사랑을 나누고 싶다. 보이지 않으나 함께 있는 이들을 놓아주면서도 그리워하는 사람들과 이런 사랑을 나누고 싶다.

없음을 사랑하고
모름을 사랑할 때
온전한 사랑이 된다
사랑으로 불리기에 마땅한 그 이름이 된다

없기에 가질 수 없고
몰라서 가질 수 없는 것은
사랑해서 이득이 될 가치가 없는 것이다

그렇게 이득이 될 가치 없는 것을 사랑하는 것

그것이 사랑이다

사랑은 없음 그리고 모름과 늘 동행한다

사랑으로 말미암아

우리 곁에 없는 것은

이제는 알 수 없게 된 것은

다시 살아나

우리와 동행하게 된다

결코 없앨 수 없는 없음이요

잊을 수 없는 모름이니 말이다

삶은 이 동행으로 이어진다

사랑 속에서 놓아주면서도 함께 걸어간다

지은이 알림

정재현

연세대학교 철학과, 문학사
Emory University 신과대학원, 철학적 신학 전공, MTS.
Emory University 일반대학원 종교학부, 종교철학전공,
Ph.D.

역임
성공회대학교 교수
연세대학교 미래융합연구원 종교와사회연구소장
연세대학교 신과대학 한국기독교문화연구소장

현재
연세대학교 연합신학대학원 종교철학 전공주임교수
한국종교학회 종교철학분과위원장, 한국종교철학회 회장

저서

『티끌만도 못한 주제에』
『신학은 인간학이다』(한국연구재단 지원 우수연구도서)
『자유가 너희를 진리하게 하리라』(문화관광부 정 우수교양도서)
『망치로 신-학하기』(대한민국학술원 선정 우수학술도서)
『묻지마 믿음 그리고 물음』

『종교신학 강의』

『우상과 신앙』(문화관광부 선정 세종우수학술도서)

『미워할 수 없는 신은 신이 아니다』(문화관광부 선정 세종우수
  학술도서)

『인생의 마지막 질문』

『앎이 그대를 속일지라도』(연세대 인문사회학술지원 선정도서)

『믿음이 그대를 속일지라도』(연세대 인문사회학술지원 선정도서)

역서

디오게네스 알렌, 『신학을 이해하기 위한 철학』

오웬 토마스, 『요점조직신학』(공역)

닐 오메로드, 『오늘의 신학과 신학자들』

마저리 수하키, 『신성과 다양성』

공저

『언어철학연구』

『믿고 알고 알고 믿고』

『기독교의 즐거움』

『대화를 넘어 서로 배움으로』

『공공성의 윤리와 평화』

『영원을 향한 철학: 존재와 인간, 시간과 자유』

『나는 어떻게 죽을 것인가』